Ux Design a 360°

CARMINE NOCERINO

DEDICA

A chi non si accontenta.
A chi sceglie di imparare, di provare, di cadere e rialzarsi.
A chi crede che ogni interfaccia possa diventare un'opportunità.
A chi lavora sodo, anche quando è difficile.
A chi non molla mai.
Questo libro è per voi.
Perché il vero design non nasce dal talento, ma dalla volontà di fare meglio.
Sempre…

Indice

INTRODUZIONE

Perché l'UX Design è importante per tutti?

Quando si sente parlare di UX Design, spesso si pensa a qualcosa di tecnico, riservato ai designer o agli sviluppatori. Un concetto complesso che riguarda solo chi si occupa di progettazione avanzata di siti web o applicazioni. Niente di più sbagliato.

L'User Experience (UX) Design riguarda tutti. Che tu sia un imprenditore, un libero professionista, un marketer, un web designer o il proprietario di una PMI, migliorare la UX del tuo sito web, della tua app o del tuo e-commerce può fare la differenza tra avere clienti soddisfatti e fedeli o perderli per sempre.

Cos'è davvero la UX e perché è fondamentale per il tuo business?

La User Experience (Esperienza Utente) è l'insieme delle percezioni, delle emozioni e delle reazioni che una persona prova quando interagisce con un prodotto digitale, come un sito web o un'app.
In altre parole, la UX riguarda quanto è facile, piacevole ed efficace l'esperienza di un utente quando visita un sito, usa un'app o compie un'azione online.

2

Dati chiave sull'importanza dell'UX

- 94% delle prime impressioni di un sito web dipendono dal design (*Stanford Web Credibility Research*).
- 75% degli utenti giudica la credibilità di un'azienda basandosi sul design del sito (*Stanford Persuasive Technology Lab*).
- Un miglioramento del 10% nell'UX può incrementare le conversioni fino al 400% (*Forrester Research*).
- L'88% degli utenti non ritorna su un sito dopo una cattiva esperienza di navigazione (*Google Think Insights*).

Esempi pratici: la UX nella vita reale
Pensa alla tua esperienza quotidiana:
- Se un sito web è confuso, lento o difficile da navigare, probabilmente te ne andrai e cercherai un'alternativa.
- Se un e-commerce ti fa impazzire con un checkout complicato, probabilmente abbandonerai il carrello.
- Se un'app ha pulsanti che non rispondono o un'interfaccia caotica, la disinstallerai in pochi minuti.

Questi sono tutti problemi di UX. E ogni volta che un utente incontra un ostacolo, un'azienda perde un'opportunità.

Ora prova a ribaltare la situazione:
- Se il tuo sito web è intuitivo e chiaro, gli utenti resteranno più a lungo e troveranno facilmente quello che cercano.
- Se il processo di acquisto è semplice e veloce, il tasso di conversione aumenterà.
- Se il tuo contenuto è ben strutturato e coinvolgente, i tuoi utenti torneranno e parleranno bene del tuo brand.

Ecco perché l'UX Design non è solo una questione estetica o di design, ma una strategia di business vincente.

Caso di studio: UX Scadente vs. UX Ottimizzata

Vediamo un esempio pratico di come la UX influisce sui risultati di un sito web.

Scenario 1: Un sito e-commerce con una pessima UX
- Tempo di caricamento: 5 secondi
- Tasso di rimbalzo: 78%
- Conversioni: 0,9%
- Problemi: Navigazione confusionaria, contenuti disordinati, call-to-action poco visibili.

Scenario 2: Un sito e-commerce con un'ottima UX
- **Tempo di caricamento:** 1,5 secondi
- **Tasso di rimbalzo:** 42%
- **Conversioni:** 4,8%
- **Miglioramenti:** Menu intuitivo, CTA chiara, struttura chiara dei contenuti, caricamento veloce.

Risultato: L'ottimizzazione della UX ha portato un aumento del **400% nelle conversioni** e una riduzione significativa del tasso di abbandono.

A chi è rivolto questo libro

Questo libro è pensato per PMI, imprenditori, freelance, marketer e web designer che vogliono migliorare l'esperienza utente dei loro siti web, e-commerce e app senza essere esperti di UX.

Ti guiderò passo dopo passo attraverso i concetti chiave dell'UX Design con un approccio pratico e accessibile. Non servono competenze tecniche avanzate: ogni capitolo fornirà esempi concreti ed esercizi pratici, che potrai applicare subito ai tuoi progetti.
Se vuoi rendere il tuo sito più efficace, aumentare le conversioni e offrire ai tuoi utenti un'esperienza migliore, sei nel posto giusto.

Cosa imparerai leggendo questo libro

Le basi dell'UX Design: scoprirai cos'è l'UX, perché è importante e come può aiutarti a migliorare il tuo business.

I principi fondamentali della progettazione UX: parleremo di usabilità, accessibilità, navigazione, design intuitivo e altro ancora.

Tecniche e strumenti per migliorare l'esperienza utente: vedrai come rendere il tuo sito più chiaro, veloce e facile da usare.

Strategie pratiche per ottimizzare la UX: imparerai a progettare pagine efficaci, ridurre l'abbandono del carrello, ottimizzare il percorso utente e molto altro.

Esercizi pratici e checklist UX: ogni capitolo include esercizi per mettere subito in pratica quello che hai imparato.

Come leggere questo libro

Il libro è suddiviso in sei sezioni, per adattarsi alle diverse esigenze dei lettori. Ogni sezione affronta un aspetto chiave dell'UX Design, partendo dalle basi fino alle strategie avanzate per il business e il marketing.

1. Fondamenti di UX Design

Questa sezione introduce i concetti chiave dell'UX Design, spiegando cosa sia l'esperienza utente e perché è essenziale per il successo digitale. Verranno trattati i principi di usabilità, accessibilità, desiderabilità, coerenza e feedback, insieme a un approfondimento sul processo di progettazione UX.

2. Strumenti e Tecniche UX

Qui troverai metodologie pratiche per applicare l'UX Design, come Lean UX e Agile UX, Design Ops per il lavoro in team, e tecniche per condurre ricerche sugli utenti. Scoprirai come creare Personas, mappe dell'esperienza utente e testare la qualità della navigazione di un sito.

3. Progettazione e Psicologia dell'UX

Questa parte esplora il lato psicologico dell'UX, analizzando bias cognitivi, principi di persuasione, emotional design e gamification. Approfondirai l'importanza dell'architettura dell'informazione, della creazione di wireframe e prototipi, e dell'ottimizzazione per dispositivi mobile.

4. UX per il Business e l'E-commerce

In questa sezione vedrai come la UX può migliorare conversioni e vendite in diversi contesti, tra cui siti web aziendali, e-commerce e portfolio per freelance. Apprenderai strategie per migliorare il checkout, ottimizzare le schede prodotto e creare esperienze utente coinvolgenti per i servizi digitali.

5. UX e Marketing Digitale

Questa parte esplora la relazione tra UX e strategie di marketing. Imparerai come ottimizzare le landing page, migliorare il funnel di conversione e utilizzare strumenti di analisi UX per ottenere dati utili. Verranno trattate anche tecniche di retargeting, SEO UX e content strategy.

6. Innovazione e Tendenze Future dell'UX

L'ultima sezione è dedicata alle innovazioni nel campo della UX Design. Approfondirai l'uso dell'intelligenza artificiale per la personalizzazione, le interfacce vocali, la realtà aumentata, le microinterazioni e le esperienze immersive. Infine, scoprirai come diventare un esperto di UX e applicare queste competenze al tuo business.

CAPITOLO 1
LE BASI DELL' UX DESIGN

Obiettivo della 1° Parte: Comprendere i concetti chiave dell'UX e perché sono fondamentali per il successo digitale.

L'**User Experience Design (UX Design)** è uno di quei concetti che tutti dovrebbero conoscere, ma che spesso viene frainteso o confuso con la sola estetica di un sito web o un'app.
In realtà, la **UX non riguarda solo l'aspetto visivo, ma l'intera esperienza che un utente vive quando interagisce con un prodotto digitale**.

Immagina di entrare in un negozio fisico. Se gli scaffali sono disordinati, i prodotti difficili da trovare e i cartellini dei prezzi illeggibili, probabilmente ti sentirai frustrato e uscirai senza comprare nulla. Ora trasporta questa esperienza nel mondo digitale: se un sito web ha un'interfaccia confusa, testi poco chiari e un processo d'acquisto macchinoso, l'utente abbandonerà la navigazione e difficilmente tornerà. Questo è il cuore dell'UX Design: progettare esperienze digitali fluide, intuitive e piacevoli.

L'User Experience (UX) Design riguarda tutto ciò che un utente prova mentre interagisce con un sito web, un'app o un prodotto digitale. Non si tratta solo dell'estetica, ma dell'efficacia con cui un sistema risponde alle esigenze dell'utente.

Uno dei primi a parlare di UX Design è stato Don Norman, che ha sottolineato come l'esperienza utente non dipenda solo dall'usabilità, ma anche dalle emozioni, dall'accessibilità e dalla soddisfazione complessiva nell'interazione con un prodotto.

Un esempio concreto? Amazon. Il suo successo non è solo dovuto alla vastità del catalogo, ma alla facilità di navigazione, al processo d'acquisto veloce e all'ottima gestione dei resi. Un'esperienza fluida e senza intoppi genera fiducia e fidelizzazione.

Definizione semplice e chiara di UX Design

UX Design:Progettare esperienze digitali facili, intuitive e piacevoli per l'utente.

UX (User Experience) Esperienza Complessiva Dell'Utente	UI (User Interface) Estetica e Interfaccia Grafica
L'errore che fanno quasi tutti è partire dalla Grafica	
Cosa Ottenere	Cosa fare
Esperienza di Navigazione	Elementi Visuali
Wireframe, user research, prototipi	Colori, Tipografia
Interaction Design	Layout Grafico

Quando navighiamo su un sito web o utilizziamo un'app, vogliamo trovare rapidamente ciò che cerchiamo, senza confusione o frustrazione.

L'UX Design si occupa proprio di questo:
1. Rendere le informazioni facili da trovare
2. Rendere le interazioni semplici e intuitive
3. Creare un'esperienza piacevole e soddisfacente

In pratica, un buon UX Design aiuta le persone a raggiungere i loro obiettivi in modo rapido e senza sforzo.

Esempio: Stai cercando un paio di scarpe online. Su un sito ben progettato, trovi rapidamente la categoria, filtri per taglia e colore, leggi le recensioni e completi l'acquisto in pochi clic. Ti senti soddisfatto e tornerai a comprare lì.
Contro-esempio: Su un altro sito, il menu è confuso, i filtri non funzionano bene, la pagina del prodotto è caotica e il checkout ha troppi passaggi. Dopo qualche minuto di frustrazione, chiudi il sito e cerchi un'alternativa.

Risultato? Il primo sito ha una UX positiva e fidelizza il cliente. Il secondo perde una vendita e danneggia la reputazione del brand.

Perché l'UX Design è una leva strategica per il business?

L'**UX Design** non è solo un aspetto estetico o funzionale di un sito web o di un'app, ma un elemento **strategico fondamentale** che può determinare il successo o il fallimento di un prodotto digitale.

Un'ottima esperienza utente non solo soddisfa gli utenti, ma aumenta anche conversioni, retention e revenue.

Esempio reale: Un e-commerce ha migliorato la navigazione del sito riducendo il numero di passaggi per il checkout. **Risultato?** Aumento del tasso di conversione del **35%** e una riduzione del tasso di abbandono del carrello del **20%**.

Obiettivo di questa sezione: Comprendere **come** e **perché** l'UX impatta direttamente il business e imparare a comunicare il suo valore ai decision-maker.

UX & ROI: Come misurare il ritorno sugli investimenti in UX?

Molti stakeholder aziendali vedono l'UX Design come un **costo**, ma in realtà è un **investimento** con un alto ritorno. Ma **come possiamo dimostrarlo?**

Le metriche chiave per misurare l'impatto dell'UX:

KPI UX	Cosa misura?	Esempio pratico
Tasso di conversione (CRO)	Quanti utenti completano un'azione (acquisto, iscrizione).	Checkout più chiaro → +25% vendite.
Tasso di abbandono (Bounce Rate)	Quanti utenti lasciano il sito dopo pochi secondi.	Miglior UX → -18% bounce rate.
Net Promoter Score (NPS)	Quanto gli utenti raccomandano il prodotto.	UI semplificata → +15 punti NPS.
Customer Retention Rate	Quanti utenti tornano a usare il prodotto.	Onboarding intuitivo → +30% retention.

*Esercizio pratico: Scegli un sito o un'app che usi regolarmente. Identifica una possibile **frizione UX** (es. un checkout confuso). Pensa a **una modifica UX** che potrebbe migliorarla e **stimane l'impatto sul business**.*

Come comunicare il valore dell'UX ai decisori aziendali

Uno dei ruoli chiave dell'UX Designer è **convincere manager, stakeholder e clienti** dell'importanza dell'UX. **Ecco come farlo con dati e storytelling.**

Strategie per vendere l'UX Design: Usa dati concreti: dimostra il ROI dell'UX con KPI e metriche.

Racconta storie di successo: esempi pratici sono più persuasivi dei dati astratti.

Mostra il costo dell'ignorare l'UX: un'esperienza utente scarsa porta a perdite economiche.

Esempio reale: *Una grande azienda ha ignorato i test UX prima del lancio di una nuova piattaforma. Risultato?* **-40% di engagement** *e necessità di riprogettazione completa (con costi triplicati). Dopo una revisione basata su test utente, l'engagement è aumentato del* **50%***.*

Tool per Te
Google Optimize: Per testare A/B e dimostrare il valore delle scelte UX.
UX Benchmarking: Per confrontare il tuo prodotto con la concorrenza.

Esercizio pratico: *Scegli un sito web con una UX scarsa. Progetta una* **strategia di miglioramento UX** *spiegando l'impatto sui KPI aziendali. Presentala come se dovessi convincere un cliente o un manager.*

Stakeholder Management: Lavorare con Business, Marketing e Sviluppo

Un UX Designer non lavora da solo: deve collaborare con **business, marketing e sviluppo** per creare un'esperienza utente efficace.

Come gestire le relazioni con gli stakeholder?
Con il team di business: Mostra come l'UX aumenta profitti e riduce costi.
Con il team marketing: Collabora per migliorare il funnel di conversione.
Con il team sviluppo: Assicurati che il design sia tecnicamente realizzabile.

---

*Esercizio pratico: Simula un incontro con un CEO, un marketer e uno sviluppatore. Spiega perché il design UX che proponi **porta valore a ciascuno di loro**.*

UX Strategy e Business: Case Study

Esempio reale: Airbnb e l'UX Design Nel 2009, Airbnb era vicino al fallimento. **Cosa ha salvato l'azienda?** Una semplice modifica UX: le foto degli appartamenti.

Il problema: Gli utenti non si fidavano degli annunci con foto amatoriali.

La soluzione UX: Airbnb ha inviato fotografi professionisti per migliorare la qualità delle immagini.

Il risultato: Le prenotazioni sono aumentate del **200%** in pochi mesi.

Lezione: L'UX può trasformare un'azienda e creare un vantaggio competitivo.

Esercizio pratico: Scegli un'azienda nota con una UX eccellente. Analizza **quali scelte UX** hanno contribuito al suo successo. Identifica un miglioramento UX che potrebbe ancora implementare.

UX Maturity Model: Come le aziende possono evolvere dal livello base a quello avanzato nell'integrazione dell'UX

Cos'è il UX Maturity Model? Il **UX Maturity Model** è un framework che descrive il livello di maturità con cui un'azienda integra la UX nei suoi processi. Più un'azienda è matura in UX, più sarà in grado di **creare esperienze digitali ottimizzate, ridurre i costi di sviluppo e migliorare il coinvolgimento degli utenti**.

*Esempio reale: Come detto in precedenza, Airbnb è passata da un'azienda con UX inesistente a un leader nel settore UX, implementando ricerche utente avanzate, test continui e un **design system strutturato***.

I 5 livelli di maturità UX nelle aziende

Livello	Descrizione	Caratteristiche principali
1. Assente	UX inesistente, nessun investimento nel design.	Nessun designer nel team, le decisioni sono solo tecniche o di business.
2. Limitata	La UX è percepita come un "di più" e non come un elemento strategico.	Viene fatta solo estetica UI, senza ricerca sugli utenti.
3. Operativa	Esistono designer nel team, ma la UX non è integrata nei	La UX è presente ma non guida le decisioni di

	processi aziendali.	business.
4. Strategica	La UX guida la progettazione dei prodotti e viene integrata nei processi aziendali.	Test utente, A/B testing, design system, collaborazione tra team.
5. Incentrata sull'utente	L'azienda è completamente user-centric e prende decisioni basate sui dati.	La UX è il cuore del processo decisionale aziendale.

Come far evolvere un'azienda lungo il modello di maturità UX?
Educare il management: Mostrare il valore della UX con dati concreti.
Dimostrare con piccoli progetti: Implementare miglioramenti UX misurabili.
Integrare la ricerca UX nei processi decisionali: Ottenere dati utente e usarli come guida.

Esercizio pratico: Analizza il livello di maturità UX di un'azienda o startup che conosci. Definisci una strategia per portarla al livello successivo.

Tool per Te
UX Maturity Assessment (NNG): Per valutare il livello di maturità UX della tua azienda.
Miro: Per creare una roadmap di evoluzione UX.

Come dimostrare il ROI dell'UX: Metriche avanzate e tecniche di misurazione per convincere i decision-makers

Perché è importante misurare il ROI della UX? Molti stakeholder vedono la UX come una "spesa" e non come un investimento strategico. Dimostrare il **Return on Investment (ROI)** dell'UX con metriche concrete aiuta a ottenere supporto e risorse per migliorare prodotti e servizi.

*Esempio reale: IBM ha scoperto che **ogni dollaro investito in UX genera un ritorno di 10 dollari**, riducendo i costi di supporto e aumentando la soddisfazione utente.*

Metriche chiave per misurare il ROI della UX

Metrica	Descrizione	Strumento di misurazione
Tasso di conversione (CRO)	Percentuale di utenti che compiono un'azione desiderata (acquisto, iscrizione, download).	Google Analytics, Hotjar
Net Promoter Score (NPS)	Misura la probabilità che un utente raccomandi il prodotto.	Qualtrics, SurveyMonkey
Customer Effort Score (CES)	Indica quanto è semplice per l'utente compiere un'azione.	Zendesk, Typeform
Tempo medio di completamento delle task	Quanto tempo impiega l'utente a completare un'azione critica.	UsabilityHub, Lookback.io
Tasso di abbandono	Percentuale di utenti che lasciano una pagina o un flusso prima di completarlo.	FullStory, Hotjar

Come calcolare il ROI della UX?
Formula del ROI UX: Dimostrare impatti diretti e indiretti →
Es. riduzione ticket di supporto, aumento delle conversioni, miglioramento della retention.
Per dimostrare il valore reale dell'UX Design, non basta dire che "funziona": bisogna misurarlo.

Ecco un esempio di formula base:
ROI UX = (Guadagno ottenuto grazie all'UX – Costo dell'intervento UX) / Costo dell'intervento UX
Esempio pratico
Costo intervento UX (progettazione, test, ottimizzazione checkout): €1.000
Aumento delle vendite mensili grazie all'ottimizzazione UX: €4.000
ROI UX = (4.000 – 1.000) / 1.000 = 3,00

Mostrare quick wins: Piccoli miglioramenti UX che portano a un ROI immediato (es. ottimizzazione del checkout per ridurre gli abbandoni).

> **Esercizio pratico:** Scegli un prodotto digitale e misura una metrica UX prima e dopo una modifica di design. Calcola il ROI del miglioramento e presentalo in modo persuasivo.

Differenza tra UX e UI: sfatiamo un mito

Spesso si tende a confondere **UX (User Experience)** e **UI (User Interface)**, pensando che siano sinonimi. Non è così. Pensa a un'automobile: la UX è l'esperienza complessiva di guida – quanto è fluida la sterzata, la comodità dei sedili, la reattività del motore – mentre la UI è il design del cruscotto, la disposizione dei pulsanti e il layout del display.

Un sito web può essere esteticamente spettacolare (UI), ma se la navigazione è caotica e gli utenti non riescono a completare un acquisto facilmente (UX), il design non servirà a nulla.
Un caso esemplare di UX negativa è quello di alcuni siti di pubblica amministrazione, dove trovare informazioni o compilare un modulo può trasformarsi in un incubo. Al contrario, un buon esempio di UX ben riuscita è Airbnb: il sito guida l'utente con un'interfaccia chiara, messaggi intuitivi e un processo di prenotazione senza frizioni.

Vediamo la differenza:

UX (User Experience)	UI (User Interface)
L'esperienza dell'utente: come si sente, quanto è facile l'interazione	L'aspetto visivo: colori, bottoni, tipografia
Il percorso che l'utente compie per raggiungere il suo obiettivo	Il design degli elementi grafici
L'usabilità e la fluidità della navigazione	L'estetica e l'attrattiva visiva
Esempio: quanto è veloce e chiaro il processo di checkout	*Esempio: il colore e la forma dei pulsanti "Compra ora"*

Un buon design UI senza una buona UX è inutile. Un sito può essere bellissimo, ma se la navigazione è confusa, l'utente si frustrerà e abbandonerà.

Esempio di UX e UI insieme: Immagina un'app bancaria. La UX assicura che gli utenti possano fare bonifici in pochi passaggi, senza errori o confusione. La UI rende l'app visivamente gradevole, con pulsanti chiari e icone intuitive.

Se un'app ha un bel design (UI) ma è difficile da usare (UX), **gli utenti la abbandoneranno**.

Molti confondono UX (User Experience) e UI (User Interface), ma sono due concetti distinti:

UX (User Experience)	UI (User Interface)
Si occupa di come un utente interagisce con un prodotto digitale.	Si occupa dell'aspetto visivo del prodotto (colori, tipografia, elementi grafici).
Mira a migliorare l'usabilità, l'accessibilità e la soddisfazione	Mira a rendere l'interfaccia accattivante e coerente con il

dell'utente.	brand.
Esempio: Un checkout semplificato in un e-commerce per ridurre gli abbandoni.	*Esempio: Pulsanti colorati e visibili per facilitare la navigazione.*

Esempio concreto: Un sito con una bella UI ma una UX scadente potrebbe avere un design accattivante, ma se il percorso d'acquisto è lungo e complesso, gli utenti abbandoneranno comunque il carrello.

I Ruoli dell'UX Design

Perché è importante? Molti pensano che l'UX Designer si occupi solo di interfacce, ma in realtà è un **ruolo multidisciplinare** che coinvolge ricerca, strategia e test.

Principali ruoli nell'UX Design

Ruolo	Descrizione
UX Designer	Progetta esperienze utente basate su dati e test.
UI Designer	Si occupa dell'aspetto visivo e interattivo delle interfacce.
UX Researcher	Studia gli utenti, raccoglie dati e analizza comportamenti.
Information Architect	Struttura le informazioni e organizza la navigazione.
Interaction Designer	Definisce come gli utenti interagiscono con il prodotto.

Pro Tip: Un UX Designer efficace deve capire **tutti questi ruoli**, anche se si specializza solo in uno.

NOTA: Di solito in piccole agenzie, molti ux design fanno tutto compreso l'ui designer, mentre in grandi agenzie ma molto grandi oppure per grandi progetti, i ruoli devono per forza essere suddivisi.

Esempi pratici di UX positiva e negativa nei siti web, app e prodotti digitali

UX POSITIVA (Esempi di successo)

Amazon: Il processo d'acquisto è super intuitivo: ricerchi un prodotto, trovi le recensioni, scegli tra più opzioni e completi l'acquisto in pochi clic. La UX è ottimizzata per la conversione.
Airbnb: La navigazione è chiara, con immagini di alta qualità, filtri utili e un'esperienza di prenotazione fluida.
Google: La barra di ricerca è semplice, veloce e intuitiva. Ti dà risultati in pochi millisecondi.

UX NEGATIVA (Errori comuni)

Siti di pubblica amministrazione: Spesso hanno menu complessi, troppi passaggi e pagine poco intuitive. L'utente si perde e fatica a completare un'operazione.
Alcuni e-commerce mal progettati: Troppi pop-up, checkout complicato, errori nei filtri di ricerca. L'utente si stanca e abbandona il carrello.
App con troppi banner pubblicitari: Distraggono l'utente, rallentano la navigazione e peggiorano l'esperienza.

Morale della storia? *Un sito web o un'app devono essere progettati per rendere l'esperienza dell'utente* **semplice, efficace e piacevole**.

Vediamo due scenari concreti:

Scenario 1: E-commerce con pessima UX

Marco cerca un paio di scarpe online. Apre un sito e-commerce, ma:
Il menu di navigazione è confuso e non riesce a trovare la categoria giusta.
Le immagini dei prodotti sono piccole e poco dettagliate.
Il pulsante "Aggiungi al carrello" non è evidente.
Al momento del pagamento, deve compilare un modulo lunghissimo con campi inutili.
Risultato? Marco abbandona il sito frustrato e cerca un'alternativa.

Scenario 2: E-commerce con ottima UX
Laura, invece, visita un altro negozio online e trova:
Una homepage chiara con categorie ben organizzate.
Immagini di alta qualità e schede prodotto dettagliate.
Un pulsante "Compra ora" ben visibile.
Un checkout semplificato in pochi step.
Risultato? Laura completa l'acquisto in pochi minuti e probabilmente tornerà per futuri acquisti.

Esercizio Pratico: Analizza un sito o un'app e identifica cosa funziona e cosa no
Obiettivo dell'esercizio: Capire in modo pratico cosa rende un'esperienza utente positiva o negativa.
Fase 1: Scegli un sito o un'app che usi spesso
Può essere un e-commerce, un'app di servizi o un sito di informazione.
Fase 2: Rispondi a queste domande
Navigazione: Il sito è facile da usare? Trovi rapidamente ciò che cerchi?
Velocità: Le pagine si caricano velocemente o devi aspettare troppo?
Struttura: Il menu è chiaro o devi cercare troppo per trovare le informazioni?
Mobile-friendliness: Funziona bene da smartphone? O hai difficoltà a usare alcuni elementi?

Design e leggibilità: Il testo è leggibile? I colori e il layout sono piacevoli o caotici?

Call to action (CTA): I pulsanti sono chiari? Sai cosa fare in ogni fase (comprare, contattare, registrarti)?

Fase 3: Identifica punti di forza e debolezza

Scrivi cosa funziona bene e cosa potrebbe essere migliorato.

Fase 4: Condividi le tue osservazioni

Se hai un business, prova a discutere i risultati con il tuo team o confrontarti con un collega per migliorare la UX del tuo sito.

Esercizio pratico: Analizza UX/UI di un sito governativo vs. Airbnb

Obiettivo: Confrontare la UX e la UI di un sito istituzionale rispetto a una piattaforma digitale ottimizzata per l'usabilità.

1. Visita un sito governativo (es. il sito dei servizi online della tua nazione) e annota: È facile trovare le informazioni? La navigazione è intuitiva? Il design è chiaro e leggibile?

2. Visita Airbnb: Come guida l'utente a trovare un alloggio? Il percorso è chiaro e lineare? Gli elementi visivi aiutano a orientarsi?

Domanda finale: Quali differenze hai notato tra i due siti in termini di UX e UI? Cosa potrebbe migliorare il sito governativo?

Consigli Smart

UX non è solo estetica: Non innamorarti solo del design visivo: la funzionalità è più importante della bellezza.

Analizza i tuoi concorrenti: Guarda come i competitor ottimizzano la loro UX e identifica cosa fanno meglio e peggio.

Piccoli miglioramenti = grandi risultati: Anche modifiche minime, come cambiare il colore di un pulsante o ridurre un passaggio nel checkout, possono migliorare le conversioni.

CAPITOLO 2
I 5 PILASTRI DELL'UX DESIGN: USABILITÀ, ACCESSIBILITÀ, DESIDERABILITÀ, COERENZA E FEEDBACK

L'User Experience Design (UX Design) si basa su alcuni principi fondamentali che guidano la progettazione di siti web, app e prodotti digitali. Applicare questi principi ai tuoi progetti migliora l'esperienza utente, riduce il tasso di abbandono e aumenta conversioni e soddisfazione dei clienti.

Perché i pilastri dell'UX sono importanti?

Un esempio concreto: pensa a un negozio online con un catalogo confuso e un checkout complicato. Gli utenti provano a navigare, ma non trovano quello che cercano, oppure si bloccano al momento del pagamento. Il risultato? Perdono fiducia e cercano alternative. Al contrario, un sito con un'esperienza fluida trasmette affidabilità e invita all'azione.

Dati significative
- L'88% degli utenti non tornerà mai su un sito dopo una cattiva esperienza.

- Il 70% degli e-commerce perde clienti per un checkout complicato.
- Il 53% degli utenti mobile abbandona una pagina se ci mette più di 3 secondi a caricarsi

Obiettivo di questo capitolo: Imparerai **i 5 pilastri dell'UX Design** con esempi pratici, strumenti e strategie per misurare e migliorare ogni aspetto.

2.1 Pilastro 1: Usabilità

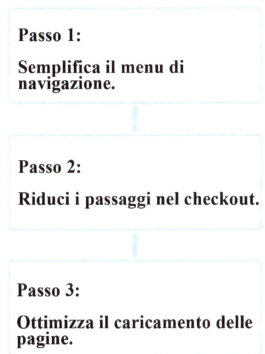

Passo 1:

Semplifica il menu di navigazione.

Passo 2:

Riduci i passaggi nel checkout.

Passo 3:

Ottimizza il caricamento delle pagine.

Alcuni passi per creare l'usabilità, troverai i passi e le checklist scansionando il QR CODE a fine libro.

L'usabilità è la facilità con cui un utente può navigare e interagire con un sito o un'applicazione.

Più è intuitiva l'esperienza, più l'utente sarà propenso a compiere un'azione, che sia un acquisto, un'iscrizione o una richiesta di contatto. Immagina di entrare in un supermercato dove le categorie non sono ben segnalate, i prodotti sono disposti senza logica e il percorso di pagamento è complicato.

Probabilmente ti sentirai frustrato e abbandonerai il negozio. Lo stesso vale per i siti web: se gli utenti devono sforzarsi troppo per trovare informazioni o completare un'azione, li perderai.

Definizione: *Un'interfaccia usabile è facile da capire, navigare e utilizzare.*

Errori comuni nell'usabilità

✕ Navigazione caotica con troppe opzioni.

✕ Moduli di registrazione lunghi e complessi.

✕ Bottoni poco visibili o con testi poco chiari (es. "Clicca qui" invece di "Acquista ora").

✕ Pagine lente a caricarsi.

Come migliorare l'usabilità

✓ Struttura chiara con menu intuitivi.

✓ Testare il sito su dispositivi mobile (il 60% del traffico web è da mobile).

✓ Ridurre il numero di passaggi nel checkout.

✓ Usare strumenti come Google Lighthouse per analizzare i problemi di usabilità.

✓ Bisogna analizzare il Progetto e lavorare per una progettazione su misura.

Tool per Te

Google Lighthouse: Uno strumento gratuito di Google per valutare la velocità e l'usabilità del sito.

Hotjar: Heatmap per capire dove cliccano gli utenti.

Consigli Smart:
Il sito è facile da navigare?
I pulsanti sono ben visibili e chiari?
Il checkout è semplificato?
Scarica le checklist complete scansionando il QrCode.

Esercizio pratico:
Naviga sul tuo sito o su un sito che usi spesso e prova a completare un'azione. **Quanti clic servono?** Puoi semplificarlo?

Domande per te:
Hai mai testato l'accessibilità del tuo sito? Se no, quando lo farai?

2.2 Pilastro 2: Accessibilità

Passo 1:

Testa il contrasto testo/sfondo.

Passo 2:

Aggiungi tag ALT alle immagini, cta, loghi, pulsanti..

Passo 3:

Verifica la navigazione da tastiera

Un sito accessibile è progettato per essere utilizzabile da tutti, incluse persone con disabilità visive, motorie o cognitive. Oltre a essere una questione etica, migliorare l'accessibilità aiuta anche il posizionamento SEO e la customer retention.

Pensa a un sito di un ente pubblico senza opzioni per ingrandire il testo o leggere il contenuto con uno screen reader. Gli utenti con difficoltà visive non riusciranno a utilizzarlo, causando frustrazione e abbandono.

Definizione: Un sito accessibile è progettato per essere **utilizzabile da tutti**, incluse persone con disabilità visive, motorie o cognitive.

Esempio positivo: Apple fornisce alternative testuali per le immagini e scorciatoie per la navigazione.
Esempio negativo: Un sito con pulsanti piccoli e testo poco contrastato rende la navigazione difficile.

Errori comuni nell'accessibilità

✗ Contrasto basso tra testo e sfondo.

✗ Video senza sottotitoli.

✗ Pulsanti piccoli su mobile, difficili da cliccare.

Come migliorare l'accessibilità?

✓ Usa colori con contrasto elevato.

✓ Abilita la navigazione da tastiera.

✓ Usa strumenti come WAVE o Axe per testare l'accessibilità del sito.

Tool per Te
WAVE: Controlla automaticamente i problemi di accessibilità del tuo sito
Axe DevTools: Estensione per Chrome per testare l'accessibilità

Esercizio pratico: Usa lo strumento WAVE (webaccessibility.com) sul tuo sito e correggi almeno un errore rilevato.

Consigli Smart:
Il contrasto tra testo e sfondo è sufficiente?
Il sito è navigabile da tastiera?
Ci sono sottotitoli nei video?

2.3 Pilastro 3: Desiderabilità

Passo 1:

Usa immagini di alta qualità.

Passo 2:

Scegli una palette di colori moderna

Passo 3:

Fai A/B test per ottimizzare il layout

Un sito non deve solo funzionare, ma anche trasmettere fiducia, emozione e identità del brand. Se un design è moderno, accattivante e coerente con il messaggio aziendale, aumenterà l'engagement e la conversione degli utenti.

Netflix, ad esempio, crea un'esperienza fluida grazie a una

combinazione di colori, transizioni e immagini ad alta qualità, rendendo la piattaforma piacevole da usare

Definizione: L'esperienza utente deve essere **piacevole e coinvolgente**.

Un sito non deve solo funzionare, ma anche trasmettere fiducia, emozione e identità del brand.

Esempio positivo: Netflix offre un'esperienza fluida con animazioni leggere e un'interfaccia visivamente accattivante.

Esempio negativo: Un sito aziendale con un design antiquato e immagini di bassa qualità.

Errori comuni nella desiderabilità

✗ Font e colori incoerenti.

✗ Grafica datata che non ispira fiducia.

✗ Testi poco chiari o troppo tecnici.

Come migliorare la desiderabilità?

✓ Usa immagini di alta qualità.

✓ Mantieni un design moderno e coerente.

✓ Fai A/B test su diversi layout per vedere quale funziona meglio.

Tool per Te
Canva Color Palette: Per scegliere combinazioni di colori accattivanti.

---

*Esercizio pratico: Guarda il tuo sito e chiediti: **che emozioni trasmette?** Puoi migliorare l'uso delle immagini o dei colori?*

> **Consigli Smart:**
> Il design è moderno e coerente?
> Le immagini sono di alta qualità?
> Il sito trasmette fiducia?

2.4 Pilastro 4: Coerenza

Passo 1:

Crea uno Style Guide (colori, font, pulsanti).

Passo 2:

Mantieni lo stesso layout in tutte le pagine.

Passo 3:

Verifica la coerenza con test di usabilità.

Un sito coerente mantiene un'esperienza prevedibile e uniforme in ogni pagina. Airbnb, ad esempio, utilizza sempre lo stesso layout e stile grafico, creando familiarità per l'utente.

Definizione: Un sito coerente mantiene **un'esperienza prevedibile e uniforme** in ogni pagina.

Esempio positivo: Airbnb usa sempre lo stesso layout e stile grafico in tutto il sito.
Esempio negativo: Un sito con menu diversi in ogni pagina, che

confonde l'utente.

Errori comuni nella coerenza

✕ Pulsanti con design diversi in ogni pagina.

✕ Menu di navigazione che cambiano posizione.

✕ Stili di testo e colori incoerenti.

Come migliorare la coerenza?

✓ Usa uno Style Guide con font e colori definiti.

✓ Mantieni pulsanti e layout uniformi su tutto il sito.

✓ Verifica la coerenza con un test di usabilità.

Esercizio pratico: Apri più pagine del tuo sito e confronta pulsanti, font e colori. Sono coerenti?

Consigli Smart:

I menu di navigazione sono uniformi?

I pulsanti hanno lo stesso stile in tutto il sito?

I colori e i font sono coerenti?

2.5 Pilastro 5: Feedback

Passo 1:

Aggiungi conferme visive dopo ogni azione.

Passo 2:

Scrivi messaggi di errore chiari e utili.

Passo 3:

Usa animazioni per rendere il feedback più coinvolgente

Ogni azione dell'utente dovrebbe ricevere una risposta chiara. Gmail, ad esempio, conferma l'invio di un'email con un messaggio visibile.

*Definizione: Il sistema deve **dare risposte all'utente** quando compie un'azione.*

Esempio positivo: Gmail mostra un messaggio "Email inviata con successo" dopo l'invio di un'email.
Esempio negativo: Un form che non conferma l'invio e lascia l'utente incerto.

Errori comuni nel feedback
✕ Nessuna conferma dopo un'azione.
✕ Messaggi di errore poco chiari.

Come migliorare il feedback?

✓ Il sistema fornisce conferme dopo un'azione?

✓ I messaggi di errore sono chiari?

✓ L'utente sa sempre cosa sta succedendo?

✓ Usa notifiche visive (es. animazioni per confermare azioni).

✓ Scrivi messaggi di errore chiari.

✓ Usa strumenti come Hotjar per analizzare il comportamento degli utenti.

Trovi la Checklist scansionando il QrCode.

> *Esercizio pratico:* Prova a compilare un form sul tuo sito. ***Ricevi un messaggio chiaro di conferma?***

NOTA: Puoi effettuare il Dowload di tutti i template e checklist complete, scansionando il qrCode che trovi qui e alla fine del Libro, password: librouxdesign

Esempio settoriale: migliorare l'accessibilità in un ristorante
Un ristorante ha migliorato la sua UX rendendo il menu accessibile:

✓*Ha aumentato il contrasto del testo per facilitare la lettura.*

✓*Ha aggiunto una versione audio del menu per persone ipovedenti.*

✓*Ha implementato un design mobile-friendly.*

Risultato: *+15% di prenotazioni grazie a un'esperienza più inclusiva.*

MINI-CASO STUDIO: MIGLIORARE UN E-COMMERCE
Un e-commerce di cosmetici ha un checkout lungo e macchinoso, che causa un alto tasso di abbandono.

Soluzioni applicando i 5 pilastri:

✓ Semplificare il checkout per migliorare l'usabilità.

✓ Rendere i pulsanti più visibili per migliorare l'accessibilità.

✓ Aggiungere immagini di alta qualità per aumentare la desiderabilità.

✓ Mantenere uno stile coerente in tutto il sito.

✓ Mostrare un messaggio di conferma dopo ogni passaggio per migliorare il feedback.

Risultato: +30% di conversioni e +20% di tempo medio sul sito.

Consigli Smart

Usabilità prima di tutto → Se un utente non riesce a completare un'azione facilmente, la UX sta fallendo.

Testa con utenti reali → La percezione della UX varia: quello che sembra intuitivo a te potrebbe non esserlo per il pubblico.

L'accessibilità migliora tutto → Un design accessibile aiuta tutti gli utenti, non solo quelli con disabilità.

CAPITOLO 3: IL PROCESSO DI UX DESIGN: DALLA RICERCA ALL'IMPLEMENTAZIONE

L'UX Design è un processo **iterativo**: non si fa tutto in un colpo solo, ma si migliora continuamente sulla base dei dati e dei feedback degli utenti. **Ogni interazione con il prodotto è un'opportunità di apprendimento**.

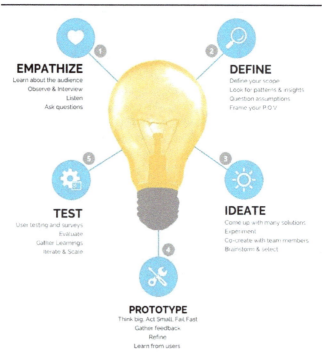

Immagina di dover costruire un ponte: non inizieresti senza prima fare ricerche sul terreno, progettare la struttura, testarne la stabilità e poi implementare i miglioramenti. Lo stesso vale per l'UX Design. Per facilitare la comprensione del processo UX, scarica la **mappa mentale interattiva** con tutti i passaggi chiave.

Il processo UX si divide in **5 fasi principali**:

1. **Ricerca**: Capire il problema e gli utenti
2. **Ideazione**: Generare soluzioni e concept
3. **Prototipazione**: Creare bozze interattive e testarle
4. **Test e Ottimizzazione**: Verificare cosa funziona e cosa no
5. **Implementazione**: Applicare le migliorie e monitorare i risultati

FASE 1 Ricerca Ux: Capire il problema e gli utenti

Obiettivo: Capire chi sono i tuoi utenti, cosa vogliono e quali problemi riscontrano.

Molti progetti falliscono perché vengono creati senza conoscere veramente il pubblico di riferimento. Se non capisci i bisogni degli utenti, finirai per progettare un sito che **funziona solo nella tua testa, ma non nella realtà**.

Esempio Reale: Un e-commerce perdeva il 45% dei clienti alla pagina del carrello. Dopo interviste agli utenti, hanno scoperto che le spese di spedizione non erano chiare. **Soluzione?** Mostrare i costi in anticipo *+20% di conversioni.*

Metodi di Ricerca UX

Interviste agli utenti: Parlare con clienti reali per capire difficoltà ed esigenze.
Sondaggi online: Usare Google Forms o Typeform per raccogliere

feedback.

Analisi dei dati: Usare Google Analytics, Hotjar o Crazy Egg per scoprire come gli utenti interagiscono con il sito.

Osservazione e test utente: Guardare come le persone usano il sito (senza aiutarle).

Tool per Te

Google Analytics: Per analizzare il comportamento degli utenti sul sito.

Mini-Checklist: Come fare una buona Ricerca UX?

✓ **Definisci gli obiettivi**: Cosa vuoi scoprire? (Es."Perché gli utenti abbandonano il checkout?")

✓ **Scegli il metodo di ricercar**: Interviste, sondaggi, heatmap, ecc.

✓ **Trova i partecipanti Giusti**: Parla con utenti reali (non colleghi o amici).

✓ **Analizza i dati raccolti**: Cosa emerge? Quali problemi comuni trovi?

✓ **Identifica le opportunità di miglioramento**: Quali soluzioni puoi applicare?

FASE 2 Ideazione: Generare soluzioni e concept

Obiettivo: Creare idee per risolvere i problemi UX identificati nella fase di ricerca.

Una volta capiti i problemi, bisogna trovare soluzioni creative. **La chiave dell'ideazione è la sperimentazione**: non esiste una sola risposta giusta, ma un processo iterativo per testare più idee.

Questa fase è il cuore della progettazione UX. Una volta capiti i problemi, è il momento di **trovare soluzioni creative** e disegnare i primi concetti.

Tecniche di Ideazione UX

User Journey Mapping: Creare un flusso visivo del percorso dell'utente.

Wireframing & Sketching: Disegnare bozze di interfacce per testare idee.

Brainstorming con il team: Generare idee innovative, ovvero anche chiamato , **design sprint**, un metodo veloce per passare dall'idea al prototipo in pochi giorni

Tool per Te

Miro: Per creare User Journey Maps in modo collaborativo.

Esempio: User Journey Mapping

Scenario: Un utente vuole acquistare un prodotto su un e-commerce.

User Journey (Percorso utente)

1. L'utente cerca il prodotto su Google.
2. Arriva sulla homepage e naviga nel catalogo.
3. Trova il prodotto e legge recensioni.
4. Aggiunge al carrello e procede al checkout.
5. Completa l'acquisto e riceve la conferma via email.

Domande chiave per ogni fase:

- L'utente trova subito il prodotto?
- Il checkout è facile o frustrante?
- La comunicazione post-acquisto è chiara?

Esempio Reale: Un sito di prenotazioni di hotel ha ridotto i passaggi del checkout da 5 a 3 +18% di conversioni.

FASE 3 Prototipazione: Creare bozze interattive

Obiettivo: Creare versioni preliminari di un'interfaccia per testare la UX prima dello sviluppo. Non ha senso investire in un sito completamente sviluppato senza aver prima testato se l'esperienza funziona bene.

Quali tipi di prototipi esistono?

Tipo	Descrizione	Quando usarlo?
Wireframe a bassa fedeltà	Schizzi su carta o software base (es. Balsamiq)	Per definire le prime idee di layout
Wireframe a media fedeltà	Disegno più dettagliato, senza colori o immagini	Per testare la struttura prima della UI finale
Prototipi interattivi	Versioni navigabili con Figma o Adobe XD	Per simulare l'esperienza utente

Esempio Reale: Un'app di food delivery ha testato due versioni della schermata di checkout con un **A/B test**. Il prototipo con meno campi obbligatori ha **aumentato il tasso di conversione del 18%**. Di chi parliamo ? *GLOVO*.

FASE 4: Test e Ottimizzazione

Obiettivo: Verificare se la UX funziona e ottimizzare in base ai risultati. I test permettono di individuare errori e migliorare l'esperienza prima del lancio definitivo.

Metodi di Test UX

✓ **Test di usabilità**: Osservare gli utenti mentre navigano.

✓ **Heatmap**: Scoprire dove cliccano gli utenti con Hotjar.

✓ **A/B Testing**: Confrontare due versioni di una pagina.

Tool per Te

Hotjar : Per analizzare il comportamento degli utenti sul sito

Tabella con strumenti per il test UX

Strumento	Cosa fa?	Quando usarlo?
Google Analytics	Analizza il comportamento degli utenti	Per identificare pagine con alto tasso di abbandono
Hotjar	Heatmap e session recording	Per capire dove gli utenti cliccano o si bloccano
UsabilityHub	Test di usabilità remoto	Per raccogliere feedback visivo dagli utenti

Esempio Reale: Un blog ha testato due versioni del pulsante "Iscriviti alla newsletter" con **A/B Testing**. La versione con un testo più chiaro ha **aumentato le iscrizioni del 25%**.

FASE 5: Implementazione, Lancio e Monitoraggio

Come applicare le migliorie e monitorare i risultati?
Una volta testato il design, si passa allo sviluppo e al monitoraggio continuo. La UX non finisce con il lancio: è un processo ciclico di miglioramento.

Strategie per il miglioramento continuo:
Raccogli feedback regolarmente.
Analizza i dati con Google Analytics e Hotjar.
Conduci A/B Testing per ottimizzare le conversioni.

Tool per Te:

Google Optimize: Per eseguire test A/B.

Esercizio pratico:

Dopo il lancio di una nuova UX, raccogli feedback dagli utenti e apporta una modifica basata sui dati.

Esercizi pratici: *Analizza il tuo sito con **Google Analytics**.*

*Disegna una **User Journey Map**.*

*Crea un **wireframe** della homepage.*

*Fai un **test di usabilità** con un collega o cliente.*

Consigli Smart

iterazione continua: Non aspettare la perfezione: lancia, raccogli dati e migliora progressivamente.

Intervista gli utenti prima di progettare: Non dare per scontato cosa vogliono: ascoltali direttamente.

Usa mappa mentale UX: Aiuta il team a visualizzare il processo con una roadmap chiara e condivisa.

CAPITOLO 4 LEAN UX & AGILE UX: PROGETTARE IN MODO VELOCE E ITERATIVO

Cosa sono Lean UX e Agile UX e perché sono essenziali?

Tradizionalmente, l'UX Design veniva trattato come un processo lineare: ricerca, progettazione, sviluppo e test. Ma oggi, in un mondo digitale in continua evoluzione, abbiamo bisogno di **processi più agili e iterativi**.

Esempio reale: Spotify utilizza team Agile e Lean UX per sviluppare rapidamente nuove funzionalità, raccogliere feedback e ottimizzare l'esperienza in tempo reale.

Obiettivo del capitolo: Comprendere le differenze tra UX Tradizionale e Lean UX, integrare l'UX nei team Agile e applicare il Design Sprint per testare idee in tempi ridotti.

Differenza tra UX Tradizionale e Lean UX

Caratteristica	UX Tradizionale	Lean UX
Approccio	Processi lineari, focus su documentazione	Iterativo, focus sull'esperienza reale

Ricerca UX	Lunga fase di ricerca prima della progettazione	Ricerca continua con test rapidi
Testing	Fatto alla fine dello sviluppo	Fatto frequentemente, anche con prototipi veloci
Obiettivo	Perfezionare il prodotto prima del lancio	Rilasciare versioni migliorabili basate sui dati

Quando usare Lean UX?

✓ Quando i requisiti cambiano frequentemente.

✓ Quando il team lavora in un contesto Agile.

✓ Quando è più importante **testare velocemente** che documentare tutto.

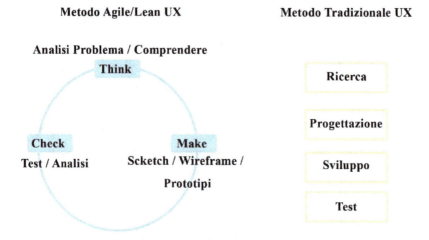

Esercizio pratico: Prendi un processo UX tradizionale e prova a trasformarlo in un processo **Lean** riducendo la documentazione e aumentando i test iterativi.

Tool per Te
Miro: Per creare flussi di lavoro Lean UX.
Figma: Per prototipi rapidi e iterazioni frequenti.

Come integrare l'UX nei team Agile e Scrum

Cos'è Agile UX? Agile UX integra i principi del **design centrato sull'utente** nei team che seguono metodologie Agile, come **Scrum e Kanban**.

Ruoli UX nei team Agile:
- **UX Designer**: Lavora a stretto contatto con sviluppatori e product manager.
- **UX Researcher**: Fornisce dati basati su test rapidi.
- **UI Designer**: Sviluppa interfacce iterative in collaborazione con il team.

Le fasi chiave dell'Agile UX in Scrum:
- **Sprint Planning**: Il team decide le priorità UX per il ciclo di sviluppo.
- **Design & Prototipazione** → Wireframe e mockup vengono realizzati in pochi giorni.
- **Test & Iterazione** → Ogni Sprint include test utente per validare le scelte di design.
- **Delivery & Feedback** → L'UX viene migliorata sulla base dei dati raccolti.

*Esempio reale: Dropbox ha adottato Agile UX per **rilasciare nuove funzionalità ogni 2 settimane**, testando rapidamente con utenti reali e adattando il design di conseguenza.*

Esercizio pratico: Integra una **fase UX** in uno Sprint di sviluppo esistente nel tuo team.
Fai un test rapido con utenti reali **prima di completare lo sviluppo**.

Tool per Te:
JIRA: Per gestire il lavoro UX nei team Agile.
Trello: Per organizzare backlog UX e test.

Il Design Sprint: Testare idee in 5 giorni

Cos'è il Design Sprint? Il **Design Sprint** è un metodo sviluppato da Google Ventures che permette di passare da un'idea a un test con utenti reali in soli **5 giorni**.

Le 5 fasi del Design Sprint

Giorno	Attività	Obiettivo
Comprendere	Analizzare il problema e definire l'obiettivo	Focalizzarsi sulle esigenze reali degli utenti
Schizzare	Creare soluzioni rapide e multiple	Esplorare idee creative e diverse
Decidere	Scegliere l'idea migliore	Definire una direzione chiara per il prototipo
Prototipare	Creare un prototipo interattivo	Simulare l'esperienza utente senza sviluppare codice
Testare	Far provare il prototipo a utenti reali	Ottenere feedback e iterare sul design

*Esempio reale: Google Ventures ha usato il Design Sprint per aiutare aziende come **Uber, Slack e Airbnb** a testare nuove funzionalità prima di investirci risorse.*

Come svolgere un Design Sprint

Giorno 1, Comprendere Obiettivo UX: chiarire il problema, raccogliere informazioni, allineare il team.

Template utili:

- **Buyer Persona**: chi è l'utente ideale dell'app?

Es: "Marta, 34 anni, lavora in smart working, vuole prenotare lezioni senza telefonare."

- **Empathy Map**: cosa pensa, sente, dice e fa l'utente?

- **Customer Journey Map** (attuale): mappa il flusso attuale (es. sito > chiamata > conferma via WhatsApp) e identifica i pain point.

- **Business Goal Canvas**: per allineare gli obiettivi di business e utente (Es. ridurre chiamate manuali + aumentare fidelizzazione).

Giorno 2, Schizzare Obiettivo UX: generare idee visive e soluzioni.

Template utili:

- **Crazy 8 (8 idee in 8 minuti):** rapido brainstorming visuale.

- **Sketch Template**: layout a 3-4 riquadri per disegnare flussi (paper wireframe).

- **How Might We Notes** (HMW): frasi stimolo derivate dalle interviste.

Es: "Come potremmo rendere la prenotazione più veloce senza app pesanti?"

Giorno 3,Decidere Obiettivo UX: scegliere la soluzione migliore da prototipare.

Template utili:

- **Decision Matrix**: per confrontare soluzioni (velocità, fattibilità, impatto).
- **Storyboard UX (6-step):** un flusso completo da schermata A a schermata F.
- **Dot Voting Board:** per votare in team le idee più promettenti.

Giorno 4, Prototipare Obiettivo UX: realizzare un prototipo realistico e testabile.

Template utili:

- **Wireframe Template (mobile):** griglia verticale per app in stile Figma / pen & paper.
- **User Flow Map:** da home > lezione > dettagli > prenota > conferma.
- **Checklist UX per prototipi**: chiarezza CTA, leggibilità testi, touch area.

Giorno 5,Testare Obiettivo UX: validare il prototipo e raccogliere feedback qualitativo.

Template utili:

- **Script per Test di Usabilità**: domande aperte, task da far completare agli utenti.
- **Foglio Osservazioni:** tempo di completamento, frustrazioni, commenti.
- **Feedback Grid**: 4 quadranti (piace / non piace / domande / idee).

Sintesi dei risultati: elenco di modifiche suggerite dal test

Tool per Te:

Figma: Per creare prototipi rapidi.

Maze: Per testare prototipi con utenti in poco tempo.

Case Study di aziende che usano Lean UX: Spotify, Airbnb, Amazon

L'approccio Lean UX è stato adottato con successo da molte aziende tecnologiche per creare prodotti scalabili, iterativi e incentrati sull'utente. Vediamo come Spotify, Airbnb e Amazon utilizzano Lean UX nei loro processi.

Caso studio 1: Spotify - UX Iterativa e Squadre Agile

Problema: Creare un prodotto musicale in continua evoluzione, garantendo personalizzazione e performance elevate.

Soluzione UX basata su Lean UX:
Team autonomi ("Squad"): Piccoli gruppi di designer, sviluppatori e data analyst lavorano su feature specifiche.
Test e iterazioni continue: Nuove funzionalità vengono testate con un piccolo gruppo di utenti prima del rilascio globale.
Dati come guida: Le decisioni UX sono basate su feedback in tempo reale e metriche di utilizzo.
Prototipi rapidi: Ogni nuova feature viene sviluppata e testata in sprint UX.

Risultato: La UX di Spotify è costantemente migliorata sulla base dei dati, garantendo un'esperienza fluida e personalizzata per ogni utente.

Esercizio pratico: Simula la gestione di una nuova feature con il metodo Lean UX. Definisci un test rapido per validare l'idea prima di svilupparla.

Tool per Te:
Miro: Per creare flussi di lavoro Lean UX.
Figma: Per progettare e iterare rapidamente su prototipi.

Caso studio 2: Airbnb - La UX basata sui dati

Problema: Creare un'esperienza di prenotazione fluida e senza frizioni, adattata alle esigenze degli utenti globali.

Soluzione UX basata su Lean UX:
Test continui con utenti reali: Airbnb utilizza il test A/B per ottimizzare ogni dettaglio dell'esperienza utente.
Ciclo rapido di feedback: La UX viene migliorata in base ai dati di navigazione e comportamento degli utenti.
Design System condiviso: Gli sviluppatori e designer lavorano con componenti standard per garantire coerenza.
Personalizzazione basata su AI: L'interfaccia suggerisce alloggi basati sugli interessi e la cronologia di ricerca.

Risultato: Airbnb ha ridotto il tempo di prenotazione del 30% grazie a un'interfaccia ottimizzata e una UX basata sulle esigenze reali degli utenti.

Esercizio pratico: Analizza il flusso di prenotazione di Airbnb e identifica elementi migliorabili con Lean UX. Progetta una modifica e testa la sua efficacia con un test A/B.

Tool per Te:
Google Optimize: Per testare variazioni di interfaccia e migliorare la UX.
Notion: Per documentare feedback e iterazioni UX.

Caso studio 3: Amazon - UX iterativa e sperimentazione continua

Problema: Creare un'esperienza di acquisto online intuitiva, veloce e ottimizzata per la conversione.

Soluzione UX basata su Lean UX:
Ottimizzazione continua del checkout: Amazon testa costantemente la UX del carrello per ridurre gli abbandoni.
Test di microinterazioni: Ogni piccolo dettaglio, come il posizionamento del pulsante "Acquista ora", è validato con test utente.
AI per suggerimenti personalizzati: Il sistema consiglia prodotti in base alla cronologia di navigazione e acquisti precedenti.
Miglioramento progressivo: Non vengono mai fatte "rivoluzioni" della UX, ma piccole modifiche testate e integrate gradualmente.

Risultato: Amazon ha migliorato il tasso di conversione del 20% con ottimizzazioni basate su dati reali degli utenti.

Esercizio pratico: Analizza il checkout di Amazon e confrontalo con quello di un altro e-commerce. Identifica almeno tre miglioramenti UX basati su Lean UX e testali con utenti.

Tool per Te
Hotjar: Per analizzare le heatmap e capire il comportamento degli utenti.
FullStory: Per registrare sessioni di navigazione e ottimizzare la UX.

Esercizio di Design Sprint reali: Simulazione di un workshop di 5 giorni

Scarica i template e Simula un Design Sprint UX

Scegli un prodotto o servizio e organizza un mini Design Sprint con il tuo team o colleghi. Crea un prototipo rapido e testalo con almeno 5 utenti.

Giorno	Attività	Obiettivo
1. Comprendere	Analizzare il problema e definire il focus del progetto.	Creare un allineamento tra team UX, business e sviluppo.
2. Schizzare	Generare molteplici soluzioni e idee di design.	Esplorare approcci diversi prima di convergere su un'idea.
3. Decidere	Selezionare il concept migliore attraverso feedback e analisi.	Definire il design da trasformare in prototipo.
4. Prototipare	Creare una versione testabile dell'interfaccia.	Simulare l'esperienza utente senza sviluppo completo.
5. Testare	Validare il prototipo con utenti reali.	Raccogliere feedback per migliorare la UX finale.

Lean UX & Agile UX: Vantaggi e Sfide

Vantaggi di Lean UX & Agile UX:

- **Riduzione del tempo di sviluppo**: Test continui evitano lunghi processi di revisione.

- **Miglior adattabilità ai cambiamenti**: Facile implementare nuove idee basate sui feedback.

- **Coinvolgimento di tutto il team**: Sviluppatori, designer e product manager lavorano insieme.

Sfide di Lean UX & Agile UX:

- Richiede **collaborazione costante**, non tutti i team sono pronti.

- **Difficile trovare equilibrio** tra velocità e qualità del design.

- Alcuni stakeholder potrebbero preferire processi più documentati.

Esercizio pratico: Identifica un **processo di design tradizionale** nel tuo team e prova a trasformarlo in un **processo Agile UX**.
Confronta i risultati dopo 2-4 settimane di iterazioni rapide.

Tool per Te

Slack: Per facilitare la comunicazione tra team UX e sviluppo.

Notion: Per documentare rapidamente le iterazioni UX.

CAPITOLO 5 - DESIGN OPS & COLLABORATION UX: GESTIRE L'UX NEI TEAM DI PRODOTTO

Cos'è il Design Ops e perché è essenziale?

Il **Design Operations (Design Ops)** è un approccio strategico alla gestione dei team UX, UI e di prodotto. Il suo obiettivo è **ottimizzare i processi, migliorare la collaborazione tra designer, sviluppatori e stakeholder e scalare il lavoro UX in team complessi**.

Perché è importante?

- Evita sprechi di tempo e ridondanze nel processo di design.
- Standardizza workflow, strumenti e linee guida per garantire coerenza.
- Facilita la comunicazione tra team cross-funzionali (UX, sviluppo, business).
- Aiuta a **scalare l'UX** in aziende con team ampi e distribuiti.

Obiettivo del capitolo: Imparare a strutturare e ottimizzare i processi UX per migliorare la collaborazione all'interno di un team di prodotto.

Le 3 aree chiave del Design Ops

Area	Descrizione	Esempio pratico
Processi UX	Standardizzazione del flusso di lavoro e delle metodologie.	Creare un Design System aziendale per garantire coerenza tra team.
Strumenti & Tecnologie	Uso di tool collaborativi per facilitare il lavoro in team.	Integrare Figma, Notion e JIRA per gestire design e sviluppo.
Persone & Collaborazione	Ruoli e interazioni tra designer, sviluppatori, PM e stakeholder.	Meeting settimanali tra UX e sviluppo per allineare obiettivi.

Esercizio pratico: Analizza come il tuo team UX attualmente gestisce il lavoro e individua i principali ostacoli.
Crea una proposta per ottimizzare almeno un aspetto (tool, processi o meeting).

Tool per Te
Notion: Per gestire documentazione e processi UX.
Figma: Per design collaborativo in tempo reale.

Come ottimizzare la collaborazione tra designer, sviluppatori e product manager

Le sfide più comuni nella collaborazione UX-Dev-Business:

✕ Mancanza di comunicazione tra designer e sviluppatori.

✕ Consegne di design non allineate alle specifiche tecniche.

✕ Processi UX che rallentano lo sviluppo invece di velocizzarlo.

Strategie per migliorare la collaborazione UX-Dev:

✓ **Coinvolgere gli sviluppatori fin dall'inizio**: Partecipazione ai workshop UX.

✓ **Creare un Design System condiviso**: Per ridurre errori di implementazione.

✓ **Integrare UX nelle metodologie Agile e Scrum**: Design iterativo e rapido.

Esempio reale: *Un'azienda SaaS ha migliorato il rapporto UX-Dev introducendo* **UX Stand-up giornalieri** *e documentando ogni decisione di design in* **Notion e Figma**.
Risultato: *riduzione del 30% degli errori di implementazione.*

Esercizio pratico: Organizza una riunione tra designer e sviluppatori per definire **un workflow più efficiente**.
Testa un nuovo metodo di collaborazione e raccogli feedback dal team.

Tool per Te
JIRA: Per la gestione Agile di task UX-Dev.
Zeplin: Per semplificare il passaggio da design a codice.

Creare un Design System per scalare l'UX

Cos'è un Design System? Un **Design System** è un insieme di componenti UI, linee guida e best practice per mantenere coerenza nell'UX tra diversi team e prodotti.

Elementi chiave di un Design System

Elemento	Descrizione
Componenti UI	Pulsanti, form, icone, griglie e tipografia standardizzati.
Linee guida UX	Heuristiche, principi di accessibilità e usabilità.
Libreria di Pattern	Layout e flussi comuni per prodotti simili.
Documentazione	Regole e guide per designer e sviluppatori.

*Esempio reale: Shopify ha sviluppato il **Design System Polaris**, che permette a tutti i designer e sviluppatori di lavorare con **stili, componenti e pattern predefiniti**, garantendo un'esperienza coerente.*

Esercizio pratico: Crea un piccolo **Design System** con componenti di base (pulsanti, font, colori). Condividilo con il team e testane l'efficacia nella progettazione.

Tool per Te
Figma Libraries: Per creare un Design System condiviso.
Storybook: Per documentare componenti UI per sviluppatori.

Design Ops nelle grandi aziende vs. startup

Come cambia il Design Ops in base alla dimensione dell'azienda?

Ambiente	Strategia UX	Strumenti più usati
Startup	Processi flessibili, meno documentazione	Figma, Trello, Slack
Azienda Media	Standardizzazione dei processi, primi Design System	Notion, JIRA, Zeplin
Grande Azienda	Design Ops scalato, team specializzati	Storybook, Abstract, Confluence

*Esempio reale: Airbnb ha sviluppato il **Design System DLS** per garantire coerenza in un team distribuito. **Risultato:** miglioramento della velocità di progettazione del 40%.*

Esercizio pratico: Analizza come il tuo team UX lavora attualmente (startup, media impresa o grande azienda). Definisci un miglioramento specifico per rendere il processo **più efficiente e scalabile.**

Tool per Te
Slack: Per migliorare la comunicazione tra team UX e sviluppo.
Confluence: Per documentare i processi di Design Ops.

CAPITOLO 6- CONOSCERE L'UTENTE: RICERCA UTENTI E PERSONA

Obiettivo di questo capitolo: imparare a raccogliere dati sugli utenti, interpretarli e usarli per migliorare la User Experience.

Perché è fondamentale conoscere gli utenti?

Progettare una buona UX non è un esercizio di pura creatività, ma un processo basato su **dati concreti e feedback reali. Se non conosci chi sono i tuoi utenti, come pensi di poter progettare un'esperienza adatta a loro?**

Molti siti ed e-commerce falliscono perché non ascoltano il proprio pubblico. I problemi più comuni includono:

1. Contenuti e funzionalità che non rispondono alle esigenze reali.
2. Messaggi di marketing che non parlano il linguaggio degli utenti.
3. Percorsi di navigazione confusi e frustranti.
4. Checkout o moduli di contatto troppo complessi.

Un dato chiave:

Il 70% delle aziende che migliora la propria UX attraverso la ricerca utenti aumenta le conversioni entro 6 mesi.

La Ricerca Utenti: come raccogliere informazioni utili

Per migliorare la UX, dobbiamo prima **capire gli utenti**. La ricerca utenti si divide in **due categorie principali**:

Tipo di ricerca	Descrizione	Esempi pratici
Ricerca quantitativa	Dati numerici e misurabili, raccolti in modo automatico	Google Analytics, sondaggi, heatmap, A/B testing
Ricerca qualitativa	Osservazione diretta e raccolta di feedback dagli utenti	Interviste, test di usabilità, mappe di empatia

La ricerca quantitativa: raccogliere dati numerici

Strumenti utili per la ricerca quantitativa

Google Analytics: Analizza il comportamento degli utenti (tasso di rimbalzo, tempo sulla pagina, percorsi di navigazione).

Hotjar e Crazy Egg: Heatmap che mostrano dove gli utenti cliccano e come navigano.

Sondaggi online (Google Forms, Typeform, SurveyMonkey): Raccogli opinioni da più utenti in poco tempo.

A/B Testing (Google Optimize, Optimizely): Confronta due versioni di una pagina per vedere quale funziona meglio.

Esempio reale: Un e-commerce ha scoperto tramite Google Analytics che il 35% degli utenti abbandonava il carrello alla fase di pagamento. Analizzando il dato con Hotjar, ha notato che gli utenti cliccavano confusamente su più opzioni di pagamento. Soluzione? Ridisegnare il layout del checkout → +20% di conversioni.

La ricerca qualitativa: ascoltare gli utenti

Se la ricerca quantitativa dice **cosa succede**, quella qualitativa spiega perché succede.

Metodi di ricerca qualitativa

Interviste agli utenti: Conversazioni dirette per capire bisogni, frustrazioni e abitudini.

Test di usabilità: Osservare utenti reali mentre navigano sul sito, senza dare aiuti.

Analisi delle recensioni: Studiare le opinioni dei clienti sui tuoi prodotti o su quelli dei concorrenti.

Osservazione del comportamento: Guardare gli utenti mentre usano il sito o l'app.

Esempio reale: Un sito di prenotazioni alberghiere ha condotto interviste con utenti reali. Ha scoperto che **molti abbandonavano la ricerca perché non trovavano abbastanza filtri per restringere le opzioni**. Dopo aver aggiunto filtri dettagliati, le conversioni sono aumentate del **18%**.

Tool per Te

Lookback.io: Per registrare test di usabilità con utenti reali.

Esercizio pratico: Conduci **un'intervista con almeno 3 utenti reali** e prendi nota delle difficoltà che incontrano.

Design Thinking: Pensare come un Ux Designer

Cos'è il Design Thinking? Il **Design Thinking** è un metodo per risolvere problemi complessi incentrato sulle esigenze degli utenti.

Le 5 fasi del Design Thinking

1. **Empatizzare**: Capire gli utenti e i loro bisogni.
2. **Definire**: Identificare i problemi principali da risolvere.
3. **Ideare**: Creare soluzioni innovative.
4. **Prototipare**: Realizzare versioni di test delle idee.
5. **Testare**: Validare il prodotto con utenti reali.

Esempio reale: Una startup ha applicato il Design Thinking per migliorare il checkout del suo e-commerce. Dopo test rapidi con prototipi, ha ridotto il tasso di abbandono del carrello del **30%**.

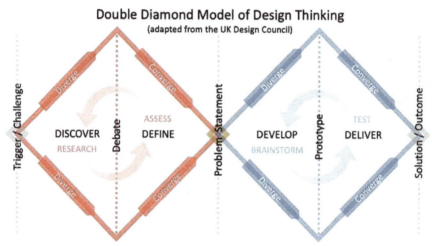

Divergenza e Convergenza Il processo alterna fasi di **divergenza** (generare molte idee) e **convergenza** (selezionare la soluzione migliore). Questo evita di fermarsi alla prima idea e permette di esplorare più alternative.

Double Diamond: Il Modello Visivo del Design Thinking

Fase	Obiettivo	Esempi pratici
Scoprire (Divergere)	Ricercare problemi reali	Interviste agli utenti, analisi dati
Definire (Convergere)	Identificare il problema chiave	Creare una User Journey Map
Ideare (Divergere)	Generare tante soluzioni possibili	Brainstorming, sketching, design sprint
Prototipare & Testare (Convergere)	Sviluppare e validare la soluzione	Creazione di prototipi e test con utenti

*Esempio reale: Una startup ha applicato il **Design Thinking** per migliorare il checkout del suo e-commerce. Dopo test rapidi con* *prototipi, ha ridotto il **tasso di abbandono del carrello del 30%**.*

Come applicare il Design Thinking passo dopo passo

Ecco come applicare il modello Double Diamond con strumenti pratici e template utili per ogni fase, usando come esempio una startup che vuole migliorare l'esperienza di prenotazione su un sito per corsi online di cucina.

Fase 1, Scoprire (Empatizzare):
Obiettivo: comprendere bisogni reali degli utenti.
Template utili:
Intervista utenti (guida con domande aperte)
Empathy Map (cosa pensa, sente, dice, fa)
Osservazione comportamentale (screencast o user testing base)
Research Insights Board
Esempio: Intervista a 5 utenti molti si confondono nella scelta dei corsi, cercano recensioni, temono costi nascosti.

Fase 2, Definire:
Obiettivo: sintetizzare il problema in una frase chiara.
Template utili:
User Journey Map
Sintesi Insight + Frase Problema (formato: "Gli utenti [X] hanno difficoltà a [Y] perché [Z]")
Esempio frase-problema:
"Gli utenti alle prime armi non riescono a scegliere un corso adatto perché mancano recensioni filtrabili e indicazioni sui livelli."

Fase 3, Ideare
Obiettivo: generare il maggior numero di soluzioni possibili.
Template utili:
Crazy 8

How Might We Notes
Brainwriting o **Idea Wall**
Esempio: "Come potremmo rendere la scelta dei corsi più semplice?" idee: filtri per livello, badge con recensioni, sistema quiz di orientamento.

Fase 4, Prototipare:
Obiettivo: trasformare l'idea in qualcosa di tangibile e testabile.
Template utili:
Wireframe a bassa fedeltà
Flowchart interattivo
Mockup in Figma / Adobe XD
Esempio: prototipo mobile con: home > filtra per livello > vedi anteprima video > iscrizione.

Fase 5, Testare
Obiettivo: ottenere feedback qualitativo per migliorare la soluzione.
Template utili:
Script per test
Feedback grid (piace / non piace / idee / dubbi)
Sintesi osservazioni + azioni
Esempio: 3 utenti dicono che la CTA "Inizia ora" è poco visibile si cambia in "Prova il corso gratis".

Materiali operativi per il Design Thinking

Fase	Template da usare
Scoprire	Interviste, empathy map, user testing
Definire	User journey, frase-problema
Ideare	Crazy 8, HMW, brainwriting
Prototipare	Wireframe, user flow, mockup
Testare	Script test, feedback grid, note utente

✐ *I template sono disponibili nel QrCode in fondo al libro.*

> **Esercizi pratici**: **Empatizzare**, Intervista **3 persone** su un sito/app che usano spesso.
> **Definire**, Scrivi **una frase-problema** chiara nel formato:
> *"Gli utenti [tipo di utente] hanno difficoltà a [problema] quando cercano di [obiettivo] perché [barriera esistente]."*
> **Ideare**, fai un **brainstorming rapido** (10 min) e genera almeno **10 soluzioni**.
> **Prototipare & Testare**, crea un **wireframe** della tua idea e falla testare a una persona reale.

Tool per Te
Miro: Per creare mappe mentali e flussi UX.

Come il Design Thinking aiuta l'UX Designer?

✓ **Evita supposizioni** e aiuta a **capire meglio gli utenti**.

✓ **Genera più idee** prima di scegliere una soluzione.

✓ **Integra i test con utenti** nel processo per evitare errori.

Creare una Persona UX: chi sono i tuoi utenti ideali?

Cos'è una Persona UX? Una **Persona UX** è un profilo semi-fittizio che rappresenta il tuo utente tipo, basato sui dati raccolti. Creare Personas aiuta a progettare soluzioni che rispondano a esigenze reali.

Come si costruisce una UX Persona in 4 step

✓ **Definisci il contesto d'uso**: Chi sono i tuoi utenti? Perché usano il tuo prodotto? In quale situazione?

✓ **Raccogli dati reali**: Usa strumenti qualitativi (interviste, osservazione) e quantitativi (Analytics, sondaggi).

✓ **Trova pattern ricorrenti**: Cerca comportamenti, obiettivi o frustrazioni comuni tra i vari utenti.

✓ **Crea la scheda Persona:** Dai un nome, crea una storia credibile e inserisci le informazioni chiave (età, obiettivi, problemi, frase tipo…).

Errori comuni da evitare

✗ **Usare solo dati inventati**: Le Personas devono basarsi almeno in parte su dati reali.

✗ **Generalizzare troppo:** "Giulia, 25-45 anni" non è una Persona. Serve specificità.

✗ **Creare troppe Personas**: Concentrati su 1-3 profili principali.

✗ **Non aggiornare mai le Personas:** Gli utenti cambiano nel tempo: rivedile ogni 6-12 mesi.

Struttura di una Persona UX
Mini Template Persona UX

1. **Nome e background**:Dati demografici (età, professione, stile di vita).
2. **Obiettivi e bisogni**: Cosa vuole ottenere l'utente?
3. **Frustrazioni e difficoltà**: Quali problemi incontra?
4. **Comportamenti digitali** → Usa più il mobile o il desktop? Legge recensioni?
5. **Citazione tipica**: Una frase che rappresenta il suo atteggiamento

(es. *"Non ho tempo di cercare, voglio tutto subito"*).
Esempio reale: Un e-commerce di cosmetici ha ridisegnato la homepage con categorie più chiare basate sulle Personas → +22% di vendite.

Tool per Te
Xtensio: Per creare Personas UX interattive.

Esercizio pratico
Scegli un target di riferimento (es. clienti del tuo e-commerce, utenti del tuo sito).

Raccogli dati (**Google Analytics, sondaggi, interviste**).
Compila la scheda della Persona con:
Nome, Età e background
Obiettivi e motivazioni
Frustrazioni e problemi
Comportamenti digitali

Usa la Persona per ottimizzare la UX del tuo sito/app.

Il Design Thinking e le Personas sono strumenti potenti per progettare esperienze migliori!

Esempio di Persona UX

Anna Rossi

Età: 32
Educazione: Universitaria
Città: Napoli
Stato civile: Sposato
Occupazione: Impieg. Marketing

"Acquistare prodotti skincare naturali e sicuri"

Obiettivo
- Prodotti sicuri e Naturali

Frustrazione
- Spese nascoste Troppe Informazioni confuse e inutili

Anna impiegata marketing che vuole acquistare online prodotti skincare, sicuri, naturali, magari con facilità e avere disponibilità di parlare con il customer care.

Nome: *Anna Rossi*

Età: *32 anni*

Professione: *Impiegata marketing*

Dispositivi usati: *Smartphone (80%), desktop (20%)*

Obiettivo: *Acquistare prodotti skincare naturali e sicuri*

Frustrazioni: *Troppe informazioni confuse, spese di spedizione nascoste*

Come adattare la UX per Anna?

Facilitare la navigazione mobile.

Mostrare prezzi e spese di spedizione in modo chiaro.

Evidenziare recensioni di altri utenti per aiutarla a decidere.

Esempio reale: *Un e-commerce di cosmetici ha ridisegnato la homepage con categorie più chiare basate sulle Personas → +22% di vendite.*

Strumenti per creare Personas

Strumento	Funzione	Link
Xtensio	Creazione di Personas UX	xtensio.com

Strumento	Funzione	Link
	interattive	
MakeMyPersona (HubSpot)	Modelli guidati per creare Personas	makemypersona.com
Miro	Mappe di empatia e brainstorming	miro.com

Esercizio pratico: crea una Persona per il tuo business
Passaggi per creare la tua Persona:
Scegli un target di riferimento (es. clienti del tuo e-commerce, utenti del tuo sito).
Raccogli dati (Google Analytics, sondaggi, interviste).

Compila la scheda della Persona con:
Nome; Età e background
Obiettivi e motivazioni
Frustrazioni e problemi
Comportamenti digitali: Usa la Persona per ottimizzare la UX del tuo sito/app.

Esempio reale: Un'agenzia di viaggi ha scoperto che la maggior parte dei clienti **prenotava da mobile** ma il sito era pensato per desktop. Dopo aver ottimizzato il design mobile-first, ha aumentato le prenotazioni del **25%**.

Consigli Smart
Non tutti i dati sono utili: Concentrati sui comportamenti più rilevanti per le decisioni di design.
Sondaggi brevi e Mirati: Troppe domande scoraggiano gli utenti: chiedi solo il necessario.
Osserva più che chiedere: Le persone dicono una cosa ma ne fanno un'altra: osserva le loro azioni.

Esercizi pratici
Usa Google Analytics per identificare le pagine con alto tasso di rimbalzo.
Crea un sondaggio su Typeform per raccogliere feedback dai tuoi utenti.
Disegna almeno una Persona per il tuo business e adatta il tuo sito alle sue esigenze.

CAPITOLO 7- PSYCHOLOGY & COGNITIVE BIAS IN UX: COME IL CERVELLO INFLUENZA LE DECISIONI DELL'UTENTE

Perché la psicologia è essenziale per la UX?

L'UX Design non riguarda solo il **layout e l'usabilità**, ma anche il modo in cui il cervello umano **percepisce e interagisce con l'informazione**.
Ogni giorno, gli utenti prendono decisioni basate su modelli mentali e bias cognitivi, spesso in modo inconsapevole.

Effetto Primacy e Recency   **Effetto della Scarsità**

Effetto Zeigarnik

Effetto Ancoraggio

Bias della Familiarità

Esempio reale: Amazon utilizza il **bias dell'ancoraggio** *mostrando* *prima il prezzo più alto barrato e poi quello scontato, influenzando la percezione del valore e aumentando le conversioni.*

Obiettivo di questo capitolo: Imparare a progettare esperienze più efficaci sfruttando i principi della psicologia cognitiva e riducendo la frizione mentale dell'utente.

I principali bias cognitivi che influenzano la UX

I **bias cognitivi** sono schemi di pensiero automatici che influenzano il modo in cui elaboriamo le informazioni e prendiamo decisioni.

5 Bias cognitivi più comuni in UX

Bias	Descrizione	Esempio pratico
Effetto Primacy e Recency	Le persone ricordano meglio il primo e l'ultimo elemento di una sequenza.	Un e-commerce mostra i prodotti più popolari all'inizio e alla fine della lista.
Effetto Zeigarnik	Gli utenti ricordano meglio le attività incomplete rispetto a quelle completate.	Netflix mostra episodi non finiti per incentivare la ripresa della visione.
Effetto Ancoraggio	La prima informazione ricevuta influenza le decisioni successive.	Un prezzo iniziale barrato fa sembrare lo sconto più conveniente.
Bias della Familiarità	Le persone preferiscono interfacce simili a quelle già conosciute.	Le icone e i layout standard riducono il carico cognitivo.
Effetto della Scarsità	Gli utenti danno più valore a ciò che sembra limitato.	"Solo 2 pezzi rimasti" crea urgenza nell'acquisto.

Esercizio pratico: Analizza un sito e-commerce e individua almeno **3 bias cognitivi** nel design. Progetta una schermata che riduca la frizione mentale degli utenti.

Tool per Te

Google Optimize: Per testare diverse versioni e vedere quale funziona meglio.

Hotjar:Per analizzare il comportamento degli utenti e le loro decisioni.

Le 10 euristiche UX di Jakob Nielsen

Jakob Nielsen, pioniere dell'UX, ha identificato **10 euristiche** che migliorano l'usabilità e l'esperienza utente.

Euristica	Descrizione	Esempio UX
Visibilità dello stato del sistema	L'utente deve sempre sapere cosa sta succedendo.	Barre di avanzamento nel checkout.
Corrispondenza tra sistema e mondo reale	Il design deve usare termini e concetti familiari agli utenti.	Un'icona a forma di carrello per gli acquisti.
Controllo e libertà dell'utente	Gli utenti devono poter annullare azioni indesiderate.	Il pulsante "Annulla" nei moduli di iscrizione.
Coerenza e standard	Il design deve essere uniforme in tutto il sito.	Pulsanti e menu devono avere lo stesso stile su tutte le pagine.
Prevenzione degli errori	Meglio prevenire errori che correggerli dopo.	Messaggi di conferma prima di eliminare un file.
Riconoscimento piuttosto che ricordo	Gli utenti devono riconoscere le opzioni senza doverle memorizzare.	Un menu che mostra le ricerche recenti.
Flessibilità ed efficienza d'uso	Il design deve adattarsi a utenti principianti ed esperti.	Scorciatoie da tastiera per utenti avanzati.

Design estetico e minimalista	Ogni informazione superflua è un ostacolo.	Interfacce pulite e senza elementi ridondanti.
Aiutare gli utenti a riconoscere, diagnosticare e risolvere gli errori	Gli errori devono essere comprensibili e risolvibili facilmente.	Messaggi di errore chiari e suggerimenti per correggerli.
Aiuto e documentazione	L'utente deve avere sempre accesso a spiegazioni o tutorial.	Un chatbot che aiuta nella navigazione.

Esercizio pratico: *Analizza un sito web e verifica* **quali euristiche di Nielsen sono rispettate** *e quali mancano. Crea un wireframe migliorato per ottimizzare la user experience.*

Tool per Te
UX Check (Chrome Extension): Per valutare rapidamente le euristiche di Nielsen.
Miro: Per creare mappe visive e analisi UX.

Friction vs. Flow UX: Rimuovere gli ostacoli cognitivi

La UX può creare **friction** (ostacoli) o **flow** (un'esperienza fluida e naturale). Più un'interfaccia è fluida, più l'utente è coinvolto.

Elementi che creano Friction UX:
✕ Moduli con troppi campi obbligatori.
✕ Navigazione complessa e non intuitiva.
✕ Pulsanti e CTA poco evidenti.
✕ Errori senza soluzioni immediate.
Esempio reale: *Un e-commerce ha ridotto il numero di campi nel checkout da 10 a 5, migliorando il tasso di completamento del* **35%.**

> **Esercizio pratico:** Scegli una pagina con UX complessa e identifica **dove si crea frizione**. Progetta una nuova versione ottimizzata per il **flow UX.**

Tool per Te
Crazy Egg → Per heatmap e test di click.
UsabilityHub → Per validare il design con utenti reali.

Bias AI nell'UX: Come riconoscere e correggere pregiudizi nei dati di machine learning

Cos'è il Bias AI e perché è un problema nell'UX? I sistemi di intelligenza artificiale apprendono dai dati, ma se questi dati contengono pregiudizi, le decisioni dell'AI possono risultare distorte e discriminatorie. Questo può portare a esperienze utente inique, specialmente in settori come il recruiting, il banking e il marketing personalizzato.

Esempio reale: Amazon ha dovuto disattivare un'AI per il recruiting perché favoriva inconsapevolmente candidati maschi, a causa di dati storici sbilanciati.

Tipologie di Bias nell'AI e il loro impatto sulla UX

Tipo di Bias	Descrizione	Esempio UX
Bias di selezione	L'AI viene addestrata con un dataset non rappresentativo.	Un'app sanitaria che riconosce meglio problemi di pelle su persone con carnagione chiara.
Bias di conferma	L'AI rafforza pregiudizi già esistenti nei dati.	Suggerimenti di acquisto basati solo su dati di utenti simili, senza offrire alternative.
Bias	L'algoritmo stesso	Feed social media che mostrano

algoritmico	enfatizza determinati risultati.	sempre lo stesso tipo di contenuti, creando bolle informative.
Bias linguistico	I modelli AI possono discriminare in base al linguaggio.	Assistenti vocali che riconoscono meglio alcune lingue o accenti rispetto ad altri.

Come correggere i bias AI nell'UX?

Diversificare i dataset: Garantire che i dati utilizzati siano rappresentativi di tutti gli utenti.

Testare l'AI su diversi gruppi di utenti: Validare se l'esperienza è equa per tutti.

Offrire trasparenza e controllo: Dare all'utente la possibilità di regolare e personalizzare le preferenze AI.

Esercizio pratico: Analizza un sistema AI che utilizzi frequentemente (Google Search, Netflix, LinkedIn) e verifica se presenta pregiudizi evidenti nei suggerimenti. Proponi una strategia UX per rendere l'algoritmo più inclusivo e personalizzabile.

Tool per Te

AI Fairness 360 (IBM): Per identificare e correggere bias nei modelli AI.

Explainable AI (Google): Per comprendere e migliorare le decisioni dell'AI.

Interfacce conversazionali: Progettare chatbot e assistenti vocali con una UX ottimizzata

Cosa sono le interfacce conversazionali? Le interfacce conversazionali (chatbot e assistenti vocali) stanno rivoluzionando l'UX, permettendo agli utenti di interagire con i sistemi digitali in modo naturale e immediato.

Esempio reale: Google Assistant utilizza il Natural Language Processing (NLP) per comprendere e rispondere a domande in modo sempre più umano.

Come progettare un chatbot efficace

Chiarezza negli intenti: Il chatbot deve indicare subito cosa può fare per evitare frustrazione.
Tono coerente e user-friendly: Il linguaggio deve adattarsi al contesto (formale per il banking, amichevole per un e-commerce).
Opzione per passare a un operatore umano: Un buon chatbot deve riconoscere i suoi limiti e offrire un supporto alternativo.

Struttura ideale di una conversazione UX con chatbot:

1. Saluto & Intenzione: "Ciao! Come posso aiutarti oggi?"
2. Riconoscimento della richiesta: "Capito, vuoi sapere il saldo del tuo conto."
3. Azione: "Il tuo saldo è di 1.250€. Hai bisogno di altro?"
4. Chiusura amichevole: "Grazie per averci contattato! A presto!"

Esercizio pratico: Scrivi un flusso conversazionale per un chatbot di assistenza clienti in un settore a tua scelta. Testalo con un utente reale e raccogli feedback sulla chiarezza e l'usabilità.

Tool per Te:
Dialogflow (Google): Per creare chatbot intelligenti.
Voiceflow: Per progettare assistenti vocali interattivi.

Progettare un'UX ottimizzata per assistenti vocali

Cosa rende un'interazione vocale efficace?
Risposte brevi e concise: Gli utenti non vogliono ascoltare risposte

troppo lunghe.

Feedback immediato: Confermare che il sistema ha capito il comando.

Adattabilità: L'assistente deve imparare e migliorare con l'uso.

Esempio reale: Alexa di Amazon migliora costantemente grazie all'analisi delle interazioni degli utenti, ottimizzando le risposte nel tempo.

Esercizio pratico: Progetta un'interazione per un assistente vocale in un contesto specifico (es. prenotazione di un tavolo al ristorante). Registra una simulazione del dialogo e verifica la fluidità dell'interazione.

Tool per Te
Amazon Alexa Developer Console: Per creare e testare skill Alexa.
IBM Watson Assistant: Per sviluppare assistenti vocali intelligenti.

Ethical Ux e Dark Patterns: Progettare in modo etico e responsabile

Dark Patterns: Quando l'UX diventa manipolazione

Non tutta l'UX è progettata per il bene dell'utente. **I Dark Patterns** sono schemi di design ingannevoli creati per manipolare le decisioni degli utenti senza che ne siano pienamente consapevoli.

Queste pratiche, anche se talvolta efficaci nel breve periodo, **danneggiano la fiducia del cliente e possono portare a problemi legali e reputazionali**.

Esempio reale: Nel 2021, Amazon è stata accusata di utilizzare Dark Patterns per rendere difficile la cancellazione dell'abbonamento Prime, con un processo intenzionalmente confuso e pieno di ostacoli.

Obiettivo di questa sezione: Identificare i Dark Patterns, comprendere i rischi etici e imparare a progettare esperienze utente trasparenti e rispettose.

Tipologie di Dark Patterns e come evitarli

Dark Pattern	Descrizione	Esempio UX	Come evitarlo?
Confirmshaming	Far sentire in colpa l'utente per non eseguire un'azione.	"No, grazie, preferisco rimanere ignorante" come opzione per non iscriversi a una newsletter.	Usare linguaggio neutro e rispettoso per le scelte dell'utente.
Forced Continuity	Addebiti automatici dopo una prova gratuita senza avviso chiaro.	Un servizio di streaming che non avvisa prima della scadenza della prova.	Notificare con anticipo il rinnovo automatico e offrire una facile cancellazione.
Hidden Costs	Costi aggiuntivi mostrati solo alla fine del checkout.	Spese di spedizione alte rivelate solo nell'ultimo step.	Trasparenza sui costi fin dall'inizio del percorso utente.
Misdirection	Distrarre l'utente per farlo cliccare su qualcosa di indesiderato.	Pubblicità che sembrano pulsanti di download reali.	Chiarezza nel design, senza elementi ingannevoli.
Roach Motel	Facilissimo iscriversi,	Processo di cancellazione	Fornire una via di uscita chiara e

	estremamente difficile disiscriversi.	dell'account con molteplici step nascosti.	semplice per l'utente.

Esercizio pratico: Analizza un sito web e verifica se utilizza **Dark Patterns**. Scrivi una proposta per migliorare la trasparenza dell'esperienza utente.

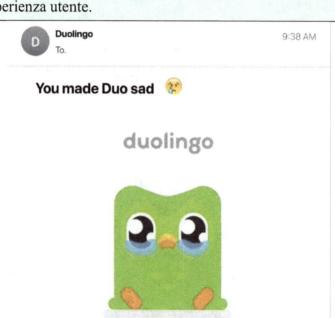

Esempio di Duolingo: ti invia un'e-mail con il suo animale domestico distintivo (un gufo) che piange. Questo è uno dei metodi di comunicazione più universali, ma efficaci: mostrare tristezza o vulnerabilità. Sappiamo che un gufo non può sentirsi triste perché stiamo lasciando un servizio. Ma, cosa più importante, sappiamo che il gufo non è nemmeno reale! Tuttavia, c'è qualcosa che va oltre la logica e va dritto al nostro nucleo emotivo.

Secondo The Verge, nel corso degli anni hanno persino ridisegnato l'animale domestico simbolo di Duolingo per ampliare le sue (apparenti) espressioni facciali e provocare una reazione emotiva.

Esempio Nextdoor: un utente vuole annullare un abbonamento a una newsletter. Quando si chiede di confermare questa azione, un pulsante con la parola "Annulla" può avere due significati: "conferma" l'annullamento o "annulla" l'annullamento. Ciò può accadere tramite una formulazione involontaria o scadente o indicatori visivi (colore, forma)

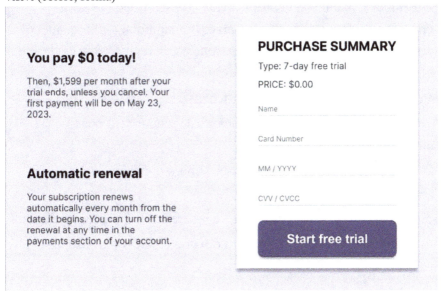

Esempio abbonamento nascosto: Con questo altro dark pattern, le aziende manipolano l'utente inducendolo a fornire i propri dati o informazioni di fatturazione, a volte persino promettendo una prova gratuita o uno sconto in cambio di un prodotto o servizio.

Con il tempo, iniziano ad addebitare una fatturazione ricorrente o un abbonamento senza possibilità di rinuncia. Usano formulazioni e manipolazioni per assicurare all'utente che non gli verrà addebitato nulla in quel momento. Iniziano ad addebitare denaro dopo un mese o due, quando l'utente dimentica l'abbonamento.

NOTA: Devi avvisare il cliente prima di addebitare.

Tool per Te
Dark Patterns Hall of Shame: Per esplorare esempi reali di cattiva UX.
Baymard Institute: Per best practice sull'usabilità e l'UX etica.

Ethical UX: Progettare esperienze trasparenti e rispettose

L'**Ethical UX** pone al centro l'utente e la sua libertà di scelta, creando interfacce trasparenti e prive di manipolazioni ingannevoli. Un buon design etico migliora la fiducia e la reputazione del brand.

Principi fondamentali dell'UX Etica:
1.**Chiarezza**: Il linguaggio e il design devono essere onesti e comprensibili.
2. **Autonomia**: L'utente deve essere libero di prendere decisioni senza forzature.
3. **Accessibilità**: L'esperienza deve essere inclusiva e usabile da tutti.
4. **Trasparenza**: Le informazioni devono essere visibili senza trucchi nascosti.

Esempio reale: Apple ha reso semplice e intuitiva la gestione della privacy degli utenti, con impostazioni chiare e notifiche trasparenti su come vengono utilizzati i dati.

Esercizio pratico: Scegli una schermata di un sito e ridisegnala in modo più etico, rimuovendo qualsiasi possibile ambiguità. Confronta le due versioni e valuta quale offre maggiore chiarezza e trasparenza.

Tool per Te
UXCheck: Per valutare la trasparenza del design.
Contrast Checker → Per garantire accessibilità e leggibilità.

Quando l'UX diventa manipolazione: Aspetti legali e reputazionali

Negli ultimi anni, molte aziende sono state multate per l'uso di Dark Patterns. La **Direttiva Europea per la Protezione dei Consumatori** ha imposto regole più rigide sulle pratiche ingannevoli online.

Rischi per le aziende che utilizzano Dark Patterns:
✗ **Sanzioni legali**: Violare le normative sulla trasparenza può portare a multe significative.
✗ **Danno reputazionale**: Gli utenti perdono fiducia e abbandonano il brand.
✗ **Maggior tasso di abbandono**: Gli utenti che si sentono ingannati sono meno propensi a tornare.

Esempio reale: Nel 2022, Google è stata multata per $100 milioni per aver reso difficile la disattivazione della geolocalizzazione degli utenti.

> **Esercizio pratico:** Verifica se un sito di e-commerce utilizza **pratiche poco trasparenti nel checkout**. Proponi soluzioni di design per rendere l'esperienza più etica e user-friendly.

Tool per Te
GDPR Checklist: Per verificare la conformità con le normative sulla privacy.
UXCam: Per monitorare e analizzare il comportamento degli utenti senza violare la privacy.

Come ridurre il carico cognitivo nell'UX: Strategie per evitare l'overload informativo

Cos'è il carico cognitivo e perché è un problema?
Il **carico cognitivo** si riferisce alla quantità di informazioni che il cervello deve elaborare per compiere un'azione.

Un **UX design eccessivamente complesso** può sovraccaricare l'utente, portando a confusione, stress e abbandono del sito o dell'app.

Esempio reale: Amazon semplifica il processo di checkout riducendo il numero di step necessari e mostrando solo le informazioni essenziali in ogni fase.

Strategie per ridurre il carico cognitivo nell'UX

Tecnica UX	Descrizione	Esempio UX
Principio di Progressive Disclosure	Mostrare solo le informazioni necessarie al momento giusto.	LinkedIn nasconde le opzioni avanzate di profilo fino a quando l'utente non ne ha bisogno.
Riduzione delle Scelte (Hick's Law)	Più opzioni ci sono, più tempo serve per decidere.	Google mantiene un'interfaccia minimalista per focalizzare l'attenzione sulla ricerca.
Chunking delle informazioni	Dividere i contenuti complessi in blocchi più piccoli e gestibili.	Il processo di onboarding di Duolingo divide l'apprendimento in micro-lezioni.
Utilizzo di schemi visivi	Le persone riconoscono più facilmente le	Le icone di salvataggio e condivisione nei social

familiari	informazioni quando sono disposte in modo prevedibile.	media sono universali e intuitive.
Automazione e Smart Defaults	Evitare che gli utenti debbano prendere decisioni superflue.	Netflix riproduce automaticamente il prossimo episodio per ridurre la frizione.

Esercizio pratico: Scegli un'interfaccia utente con **troppa complessità** e identifica i punti in cui il carico cognitivo può essere ridotto. Progetta una versione semplificata dell'interfaccia con **Progressive Disclosure e Chunking**.

Tool per Te
Google Optimize: Per testare varianti semplificate di interfacce utente.
UXPressia: Per mappare il percorso utente e identificare aree di sovraccarico cognitivo.

Heuristic Evaluation e metodi pratici per applicare le euristiche di Nielsen

Cos'è l'Heuristic Evaluation? L'**Heuristic Evaluation** è un metodo di valutazione UX in cui esperti analizzano un'interfaccia confrontandola con un insieme di **principi euristici**, senza bisogno di test con utenti reali.

Esempio reale: Airbnb ha migliorato l'UX del suo processo di prenotazione eliminando frizioni identificate con l'Heuristic Evaluation, come testi ambigui e opzioni ridondanti.

Le 10 euristiche di Nielsen applicate alla UX

Euristica UX	Descrizione	Esempio UX
Visibilità dello stato del sistema	Gli utenti devono sapere cosa sta succedendo in ogni momento.	Le barre di caricamento nei siti di e-commerce indicano lo stato dell'operazione.
Corrispondenza tra sistema e mondo reale	Il linguaggio e il design devono riflettere modelli mentali familiari.	Un'icona a forma di carrello negli e-commerce rappresenta il carrello fisico di un negozio.
Controllo e libertà dell'utente	Gli utenti devono poter annullare o correggere azioni facilmente.	Gmail consente di annullare l'invio di un'email entro pochi secondi.
Coerenza e standard	Gli elementi dell'interfaccia devono essere coerenti.	Facebook mantiene lo stesso stile di pulsanti e layout su tutte le pagine.
Prevenzione degli errori	Il design deve aiutare a evitare errori prima che accadano.	Google Chrome avvisa quando un sito non è sicuro prima che l'utente proceda.
Riconoscimento piuttosto che ricordo	L'utente non deve dover ricordare informazioni da una pagina all'altra.	I siti e-commerce mostrano il carrello nella barra superiore per ricordare gli articoli selezionati.
Flessibilità ed efficienza d'uso	Offrire scorciatoie per utenti esperti senza penalizzare i principianti.	Photoshop ha scorciatoie da tastiera per gli utenti avanzati.
Design estetico e minimalista	Eliminare informazioni superflue per ridurre la frizione.	Apple utilizza interfacce pulite con il minimo necessario di testo e icone.
Aiutare gli utenti a	Fornire messaggi di	Twitter indica il motivo per

riconoscere e correggere errori	errore chiari e utili.	cui un tweet non può essere pubblicato (es. superamento del limite di caratteri).
Aiuto e documentazione	Offrire accesso facile a spiegazioni o assistenza.	Notion include un help center interattivo direttamente nell'app.

Esercizio pratico: Scegli un'app o un sito web e valuta **quante euristiche di Nielsen vengono rispettate**. Proponi miglioramenti basati sui principi euristici.

Tool per Te
UXCheck (Chrome Extension): Per analizzare euristiche UX direttamente su un sito.
Miro: Per documentare le osservazioni e miglioramenti.

CAPITOLO 8 ORGANIZZARE LE INFORMAZIONI: ARCHITETTURA DELL'INFORMAZIONE E MAPPA DEL SITO

Obiettivo principale: aiutare gli utenti a trovare rapidamente le informazioni di cui hanno bisogno, senza confusione o frustrazione.

Cos'è l'Architettura dell'Informazione (IA) e perché è importante?

L'**Architettura dell'Informazione (Information Architecture, IA)** è il modo in cui le informazioni vengono organizzate e strutturate all'interno di un sito web, un'app o qualsiasi prodotto digitale. È la **spina dorsale** di un'esperienza utente chiara ed efficace.

Perché l'IA è essenziale per l'UX Design?
Se l'architettura delle informazioni è ben progettata:
- Gli utenti trovano subito ciò che cercano.
- La navigazione è fluida e intuitiva.
- Aumentano tempo di permanenza e conversioni.
- Si riduce il tasso di abbandono del sito (bounce rate).

Se l'architettura delle informazioni è mal progettata:
- Gli utenti **si perdono** nel sito.

- **Aumenta la frustrazione**, portando a meno conversioni.
- Il sito sembra **caotico e disorganizzato**.
- **Google indicizza peggio il sito**, penalizzando il SEO.

Esempio Reale: Un e-commerce ha semplificato la navigazione riducendo il numero di categorie e riorganizzando i prodotti.
Risultato: +25% di tempo medio sul sito, +18% di vendite

I 5 Principi Fondamentali dell'Architettura dell'Informazione

Un'IA efficace si basa su **5 principi fondamentali**:

Principio	Descrizione	Esempio
Organizzazione	Strutturare i contenuti in modo logico	Un e-commerce suddivide i prodotti per categorie intuitive (Moda, Elettronica, Casa, ecc.)
Etichettatura	Usare termini chiari e comprensibili	Evitare nomi di menu vaghi come "Servizi", meglio "SEO, Social Media, E-commerce"
Navigazione	Creare percorsi fluidi e coerenti	Un menu ben strutturato aiuta l'utente a muoversi senza sforzo
Ricerca interna	Aiutare gli utenti con una barra di ricerca efficace	Amazon ha una ricerca avanzata con suggerimenti in tempo reale
Gerarchia Visiva	Dare priorità agli elementi chiave per facilitare la scansione	Testi importanti in grassetto, pulsanti evidenziati

Applicare questi principi migliora drasticamente la UX e il tasso di conversione.

Creare una Mappa del Sito efficace

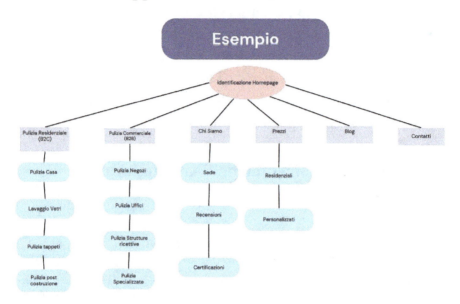

Una **mappa del sito** (Site Map) è una **rappresentazione visiva della struttura** di un sito web, mostrando tutte le pagine e i collegamenti tra di esse.

Perché è importante?
- Aiuta a progettare una navigazione chiara.
- Riduce la confusione e migliora l'esperienza utente.
- Migliora l'indicizzazione SEO, aiutando Google a comprendere la struttura del sito.

Come Creare una Mappa del Sito (Passaggi Pratici)

Definisci le pagine principali
Homepage
Categorie principali
Pagine prodotto/servizi
Contatti, Chi siamo, FAQ

Organizza la gerarchia
Le pagine principali devono essere facilmente raggiungibili.
Le sottocategorie devono essere ben collegate e intuitive.
Disegna una bozza visiva
Usa strumenti come Miro, Figma, XMind per creare un diagramma.

Ottimizza per la navigazione utente
Assicurati che ogni pagina sia raggiungibile in 3 clic al massimo.

Esempio: *Un e-commerce ha ridotto il numero di categorie nel menu da 12 a 6, semplificando la struttura +25% di tempo medio sul sito e +18% di vendite.*

Struttura a Silos e Altre Architetture per Siti Web ed E-commerce

L'organizzazione delle informazioni non è uguale per tutti i siti.
Esistono diverse strategie, tra cui la **struttura a silos**,
particolarmente efficace per SEO e UX.

Struttura a Silos: Cos'è e Come Funziona?
Una struttura a silos organizza i contenuti in categorie tematiche ben definite. Ogni silos contiene pagine strettamente collegate tra loro e separa argomenti diversi.

Esempio: *Un blog di fitness potrebbe organizzarsi così:*
Allenamenti: articoli su esercizi specifici.
Nutrizione: articoli su diete e piani alimentari.
Integratori: recensioni e consigli.
Vantaggi della Struttura a Silos:

Migliora il SEO, aiutando Google a comprendere i contenuti del sito.
Aumenta la facilità di navigazione per gli utenti.

Migliora l'indicizzazione delle pagine grazie a collegamenti interni ben strutturati.

Tool per Te
Screaming Frog: Per analizzare e ottimizzare la struttura dei link interni.

Altre Architetture Possibili

Tipo di Struttura	Descrizione	Quando Usarla?
Gerarchica	Struttura con una homepage principale e categorie/sottocategorie.	Perfetta per e-commerce e siti aziendali con molte pagine.
Matrice	Ogni pagina può essere raggiunta da più percorsi.	Utile per siti di notizie o enciclopedie online.
Lineare	Gli utenti seguono un percorso guidato.	Ideale per landing page e funnel di conversione.

Quale scegliere? Dipende dal tipo di sito e dagli obiettivi di business. **Una buona struttura informativa fa la differenza tra un sito caotico e un sito di successo!**

Come Strutturare il Menu di Navigazione per una UX Ottimale

Un buon menu di navigazione deve essere:
Chiaro e conciso (5-7 voci principali).
Gerarchico (categorie principali + sottocategorie logiche).
Coerente (stessa posizione in tutte le pagine).
Mobile-friendly (menu adattivo e facile da usare su smartphone).

Errori Comuni da Evitare

Menu con troppe opzioni.

Categorie con nomi ambigui.

Mancanza di un motore di ricerca interno per siti con molti contenuti.

Testare e Ottimizzare l'Architettura dell'Informazione

Come sapere se la tua IA funziona? Testandola con utenti reali!

Metodi di test UX per l'IA:

Metodo	Descrizione	Strumento
Card Sorting	Chiedere agli utenti di organizzare le categorie in modo intuitivo.	OptimalSort
Tree Testing	Verificare se gli utenti trovano facilmente le informazioni.	Treejack
Heatmap & Click Tracking	Analizzare dove gli utenti cliccano di più.	Hotjar, Crazy Egg
A/B Testing	Testare diverse versioni del menu o della navigazione.	Google Optimize

Esempio Reale: Un sito di notizie ha riorganizzato la navigazione in base ai risultati di un Card Sorting +40% di engagement e +15% di articoli letti per sessione.

Esercizio Pratico: Progetta la Mappa del Tuo Sito

Obiettivo: Creare una struttura chiara e intuitiva per il tuo sito o e-commerce.

Passaggi: Elenca le pagine principali del tuo sito.

Organizzale in una gerarchia logica.

Disegna una mappa del sito (puoi usare carta o software come Figma o Miro).

Testala con un collega o cliente: è chiara e intuitiva?

Domanda chiave: Se un nuovo utente visitasse il tuo sito, riuscirebbe a trovare ciò che cerca in meno di 3 clic?

Consigli Smart

Menu con max 7 elementi: Troppi link confondono, pochi semplificano l'esperienza.

Breadcrumb = orientamento: Aiutano l'utente a capire sempre dove si trova nel sito.

Usa il "Tree Testing": Testa la struttura del sito prima di costruire l'interfaccia.

Esercizi pratici

Crea una bozza della tua mappa del sito.

Analizza il tuo menu: è chiaro e facile da navigare?

Usa Hotjar per vedere dove gli utenti cliccano di più.

CAPITOLO 9 PROGETTARE L'INTERFACCIA: WIREFRAME E PROTOTIPI

Dal Concept al Design: perché wireframe e prototipi sono essenziali?

Una volta definita l'architettura dell'informazione (Capitoli precedenti), il passo successivo è disegnare visivamente l'interfaccia, traducendo la struttura in un layout concreto. Wireframe e prototipi sono essenziali perchè permettono di:

✓ Pianificare l'interfaccia senza perdere tempo in dettagli grafici inutili.

✓ Testare la logica di navigazione prima dello sviluppo.

✓ Prevenire errori costosi prima di scrivere il codice.

✓ Raccogliere feedback dagli utenti e migliorare il design.

Esempio reale: Un'agenzia di viaggi ha testato due versioni di una homepage con un prototipo interattivo.
La versione con una CTA chiara in alto ha aumentato il tasso di prenotazione del 22%.

Tool per Te

Figma: Per creare wireframe e prototipi interattivi.

Wireframe: la struttura base del design

Cos'è un wireframe? Un **wireframe** è una **bozza schematica dell'interfaccia**, senza grafica, colori o immagini. Si concentra solo sulla **disposizione degli elementi** e sulla logica di navigazione.

Tipologie di wireframe

Tipo	Descrizione	Strumento consigliato
Bassa fedeltà	Disegno grezzo su carta o digitale, senza dettagli	Carta e penna, Balsamiq
Media fedeltà	Struttura digitale con blocchi e testi base	Figma, Adobe XD, Whimsical
Alta fedeltà	Versione quasi definitiva, pronta per i test	Figma, Sketch, Adobe XD

Esempio di Wireframe a bassa fedeltà:

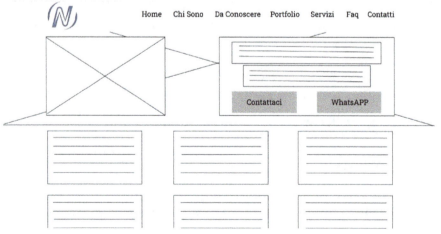

Homepage
Immagine banner (spazio vuoto con una "X")

Pulsante CTA (senza colori o design avanzato)
Menu con sezioni principali

Come creare un Wireframe efficace?
Parti con uno schizzo su carta: Disegna la struttura base.
Definisci la gerarchia visive: Posiziona gli elementi in ordine di priorità.
Usa placeholder per immagini e testi: Non serve il design finale ora.
Testa con un utente reale: Se riesce a capire il layout, sei sulla strada giusta.

Esempio reale: Un e-commerce ha testato **due versioni di wireframe** per la pagina prodotto. Il layout con immagini più grandi e dettagli chiari ha aumentato le conversioni del **30%**.

Design Universale, Inclusivo e Incentrato sull'Equità

1. Design Universale: Il **Design Universale** mira a creare prodotti **usabili da tutti, senza bisogno di adattamenti.**

*Esempio: Le porte automatiche sono utili per **tutti gli utenti**, non solo per chi ha difficoltà motorie.*

2. Design Inclusivo: Si concentra sulla **diversità degli utenti**, garantendo accessibilità a chi ha esigenze specifiche.

Esempio: Netflix permette di personalizzare i sottotitoli per persone con problemi di vista o udito.

Design incentrato sull'Equità: Va oltre l'inclusività, cercando di eliminare **bias e barriere** nella progettazione.

Esempio: Le IA che riconoscono i volti devono essere **addestrate su dataset diversificati**, per evitare discriminazioni razziali o di genere.

Esercizio pratico: Esamina un sito e individua **barriere di accessibilità**. Progetta un wireframe **inclusivo**, con **elementi accessibili per tutti**.

Perché l'accessibilità parte dal wireframe?

Anche nella fase iniziale di progettazione, è fondamentale pensare all'accessibilità. **Un wireframe accessibile** getta le basi per un'interfaccia utilizzabile da tutti, inclusi utenti con disabilità visive, motorie o cognitive.

Linea Guida 1: Contrasto e Leggibilità

Cosa fare:

Anche in wireframe a bassa fedeltà, indica con annotazioni:

✓ Testo principale vs. sfondo: assicurati che siano distinguibili (es: nero su bianco, non grigio chiaro su bianco).

✓ Evita combinazioni come grigio su grigio.

Esempio pratico: In un wireframe per una PMI:

✗ Testo grigio chiaro su sfondo bianco → difficile da leggere.

✓ Testo nero su sfondo bianco → contrasto sufficiente.

Esercizio: Disegna un wireframe in scala di grigi e verifica se tutti i testi sono leggibili.

Linea Guida 2: Tag ALT per Elementi Non Testuali

Cosa fare:

Annota gli elementi non testuali (immagini, icone) con una breve descrizione, anche nel wireframe.

Strumenti:

In Figma/Adobe XD, usa note o layer per scrivere i tag ALT.

In Balsamiq, aggiungi un'icona 📝 con una nota.

Esempio: In un wireframe per un e-commerce:
Placeholder immagine prodotto→ Tag ALT: "Felpa in cotone biologico, colore verde".

Errore comune: Lasciare placeholder vuoti o scrivere "img_123".

Linea Guida 3: Gerarchia Visiva Chiara

Cosa fare:

Definisci l'ordine di importanza degli elementi:

Heading 1(Titolo pagina):Dimensione maggiore.

Heading 2(Sottotitoli):Dimensione media.

Testo corpo:Dimensione base.

Usa spaziatura coerente per separare le sezioni.

Esempio per un sito vetrina PMI:

✓ Gerarchia corretta:

Logo (in alto a sinistra)

Menu di navigazione

Titolo hero section: "Consulenza Marketing per PMI"

Pulsante CTA: "Richiedi preventivo"

✗ Gerarchia sbagliata:

Tutti gli elementi hanno la stessa dimensione e spaziatura.

Checklist per Wireframe Accessibili

✓ Tutti i testi sono leggibili in scala di grigi?

✓ Gli elementi non testuali hanno annotazioni per i tag ALT?

✓ La gerarchia visiva guida l'utente dall'elemento più importante al meno importante?

✓ Hai lasciato spazio sufficiente per ingrandimenti (zoom per ipovedenti)?

Caso Reale: Come un'agenzia di viaggi ha evitato un errore costoso

Un wireframe iniziale non prevedeva tag ALT per le immagini delle destinazioni. Dopo un test con utenti ipovedenti, hanno aggiunto descrizioni come "Spiaggia di Maldive con sabbia bianca e palme" direttamente nelle note del wireframe. **Risultato:** Il sito finale ha ridotto le segnalazioni di accessibilità del 40%.

Strumenti Consigliati
Contrast Checker: WebAIM Contrast Checker (usa anche in fase di wireframe).
Plugin Figma per accessibilità:"Adee" per simulare daltonismo.
Template wireframe accessibili: Scarica esempi gratuiti qui.*(sempre scansionando il QR code)*

Perché partire dall'accessibilità?
"Progettare accessibile non è un optional, ma un vantaggio competitivo. Un wireframe accessibile ti farà risparmiare ore di correzioni dopo lo sviluppo."

Prototipi: simulare l'interazione utente

Cos'è un prototipo?
Un **prototipo** è una **versione interattiva del wireframe**, che simula il comportamento reale del sito o dell'app.

Tipologie di prototipi UX

Tipo	Descrizione	Strumento consigliato
Statico	Mostra solo il layout senza interazioni	Balsamiq, Figma
Interattivo	Simula click e navigazione tra le pagine	Figma, Adobe XD, InVision
Codificato	Un MVP (minimum viable product) con codice base	HTML/CSS, Webflow

Esempio reale:

*Una startup di fitness ha testato **due prototipi di app**:*

***Versione A:** Menu tradizionale*

***Versione B:** Navigazione basata su gesti*

*Dopo i test utente, il **menu tradizionale ha ottenuto il 60% in più di preferenze**.*

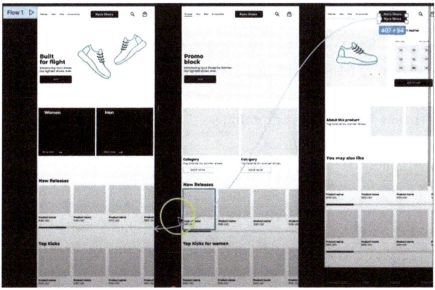

Solo con il prototipo, senza scrivere codice, possiamo provare il nostro sito/app o altro senza perdere tempo in codice, in questo modo abbiamo testato l'efficacia e ottenuto risultati.

Come creare un prototipo efficace?

1. Importa il wireframe in uno strumento digitale (Figma, Adobe XD, InVision).

2. Aggiungi interazioni base (click su pulsanti, navigazione tra pagine).

3. Crea un flusso logico → Simula il percorso utente.

4. Condividi il prototipo con il team o gli utenti per il testing.

Strumenti consigliati per prototipi interattivi:

Figma (gratuito per base, collaborativo).

Adobe XD (integrazione con Photoshop).

InVision (facile per prototipi interattivi).

Testare e Ottimizzare Wireframe e Prototipi

Testare un wireframe/prototipo aiuta a:

✓ Capire **se il layout è chiaro** prima dello sviluppo.

✓ Identificare **problemi di navigazione**.

✓ Ottenere **feedback reale dagli utenti**.

Metodi di test UX per prototipi

Metodo	Descrizione	Strumento
Guerilla Testing	Test rapido con utenti reali (es. colleghi, amici)	Nessuno, basta mostrare il prototipo
Click Testing	Analizza dove gli utenti cliccano per capire la navigazione	UsabilityHub
User Testing Remoto	Osserva come gli utenti interagiscono con il prototipo	Lookback, Maze
A/B Testing	Confronta due versioni per vedere quale funziona meglio	Google Optimize

*Esempio Reale: Un sito di formazione ha scoperto con il **Click Testing** che gli utenti ignoravano il pulsante "Iscriviti". Cambiando* *colore e posizione, le iscrizioni sono aumentate del **35%**.*

Esercizio pratico: crea il tuo Wireframe e Prototipo

Obiettivo: Progettare un wireframe e trasformarlo in un prototipo interattivo.

Passaggi:

Scegli una pagina del tuo sito o app (es. homepage, pagina prodotto).

Disegna un wireframe a bassa fedeltà (su carta o con Balsamiq).

Digitalizzalo con Figma o Adobe XD.

Aggiungi interazioni base (pulsanti cliccabili, transizioni tra pagine).

Testalo con almeno una persona e raccogli feedback.

Domanda chiave: Il tuo wireframe/prototipo permette di capire subito l'esperienza utente?

Consigli Smart

Prima la struttura, poi i dettagli: Inizia sempre con wireframe a bassa fedeltà.

Non aggiungere funzionalità inutile: Ogni elemento nel design deve avere uno scopo preciso.

Fai test di prototipazione: Prima di sviluppare, testa il prototipo con utenti reali.

Wireframe = Bozza strutturale dell'interfaccia, senza dettagli grafici.

Prototipi = Versione interattiva per testare il design e la navigazione.

Strumenti come Figma, Adobe XD e InVision aiutano a creare prototipi funzionali.

Testare un prototipo con metodi come Click Testing o User Testing aiuta a ottimizzare la UX prima dello sviluppo.

Esercizi pratici

Disegna un **wireframe a bassa fedeltà** della homepage del tuo sito.

Digitalizzalo con **Figma** e aggiungi interazioni base.

Testalo con **un utente reale** e raccogli feedback

CAPITOLO 10 - MOBILE-FIRST UX & RESPONSIVE DESIGN: PROGETTARE PER UN MONDO MOBILE

Obiettivo del capitolo: Imparare a progettare esperienze mobile-first efficaci e creare interfacce responsive che funzionino su ogni dispositivo.

Perché il Mobile-First Design è essenziale?

Oggi, **oltre il 60% del traffico web proviene da dispositivi mobili.** Progettare con un approccio **Mobile-First** significa **partire dal design per dispositivi mobili** e poi adattarlo ai desktop, anziché il contrario.

Dati chiave:
- Il 53% degli utenti abbandona un sito se il caricamento dura più di 3 secondi.
- Il 75% dei consumatori giudica la credibilità di un sito dalla sua esperienza mobile.
- Google utilizza il **Mobile-First Indexing**, il che significa che la versione mobile di un sito è il principale fattore di ranking SEO.

Mobile-First Design vs. Responsive Design

Qual è la differenza tra Mobile-First e Responsive Design?

Approccio	Descrizione	Esempio UX
Mobile-First Design	Si progetta partendo dal mobile e poi si adatta ai dispositivi più grandi.	Instagram è stato progettato prima per mobile, poi per desktop.
Responsive Design	Un layout flessibile che si adatta automaticamente ai vari schermi.	I siti di e-commerce si adattano a diverse risoluzioni.

Esempio di Griglia Sui vari dispositivi

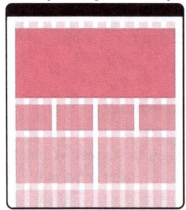 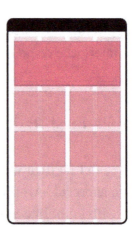 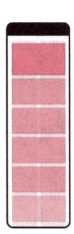

Quando usare quale approccio?

Mobile-First:Quando il target principale utilizza smartphone (es. social media, e-commerce).

Responsive Design:Quando il sito è complesso e ha molti contenuti visibili su desktop (es. portali aziendali, dashboard software).

Esercizio pratico: Analizza un sito che visiti spesso: è stato progettato Mobile-First o solo reso responsive? Crea una versione mobile di una pagina web prima di adattarla per il desktop.

Tool per Te

Google Mobile-Friendly Test: Per verificare la compatibilità mobile.

Figma: Per progettare interfacce mobile-first.

Come applicare il Mobile-First in fase progettuale

Prima di progettare, crea una lista dei contenuti più importanti per l'utente mobile. Questo ti aiuterà a fare scelte di design più efficaci e a evitare l'effetto "sito compresso".

Esempio di tabella prioritaria:

Priorità	Contenuto	Azione utente
1	CTA principale	Prenota / Acquista
2	Titolo + Info essenziali	Capire cosa offre la pagina
3	Recensioni / Feedback	Rafforzare fiducia
4	Navigazione secondaria	Scoprire altro

Principi chiave per il Mobile-First UX

Come creare un'esperienza mobile intuitiva e funzionale?

Principio UX	Descrizione	Esempio UX
Touch-Friendly Design	Elementi interattivi devono essere facili da toccare.	Pulsanti con un'area minima di 48px.
Navigazione semplificata	Menu chiari e accessibili con pochi tocchi.	Il menu "hamburger" su mobile è uno standard.
Priorità ai contenuti chiave	Mostrare prima le informazioni più	WhatsApp mostra le conversazioni recenti

	importanti.	subito.
Performance & Velocità	Pagine leggere e veloci da caricare.	Il sito di Amazon riduce al minimo gli clementi non necessari.
Accessibilità Mobile	UI leggibile con buon contrasto e caratteri adeguati.	Apple utilizza linee guida di accessibilità per il contrasto.

Esercizio pratico: Scegli un'app mobile e analizza quanto è touch-friendly. Ridisegna la home di un sito desktop per renderla più mobile-first.

Tool per Te
Google Lighthouse: Per testare le prestazioni mobile.
Adobe Color Accessibility Tool:Per verificare il contrasto e l'accessibilità.

Esempio di come interagiscono le persone ai dispositivi

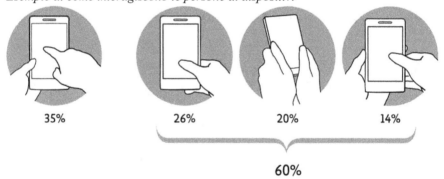

Le gesture come tap, swipe o long tap sono parte integrante dell'esperienza mobile. Vanno progettate con consapevolezza per migliorare l'usabilità.

Gesture	Azione UX	Esempio UX
Tap singolo	Conferma o selezione	Pulsante "Aggiungi"
Swipe	Rimozione o navigazione veloce	Cancellare una mail su Gmail
Long tap	Accesso a funzioni avanzate	Selezione multipla foto
Pinch-to-zoom	Ingrandire immagini/mappe	Zoom su Google Maps
Drag & Drop	Riordinare elementi	Riordino liste in To-Do App

Risorsa: UXArchive.com per studiare gesture reali

Best Practices per un Design Responsive Perfetto

Come progettare interfacce che si adattano a tutti i dispositivi?
Grid System fluido: Usare unità di misura relative come **percentuali e REM**, invece di pixel fissi.
Media Queries:Utilizzare CSS per adattare il layout in base alla dimensione dello schermo.
Immagini adattive:Impostare immagini flessibili con **srcset** e **lazy loading** per migliorare le prestazioni.
Breakpoints strategici: Creare punti di interruzione per garantire una UX fluida su tutte le risoluzioni.

*Esempio reale: Il sito di Dropbox utilizza un **layout responsive con immagini scalabili e una tipografia leggibile su tutti i dispositivi**.*

Esercizio pratico: Crea un design responsive usando almeno **3 breakpoints principali** (mobile, tablet, desktop). Testa il layout su più dispositivi con Google Chrome DevTools.

Tool per Te

Bootstrap: Framework per griglie responsive.

Responsinator: Per testare siti su diversi schermi.

Mobile UX Testing e Ottimizzazione
Come testare e ottimizzare l'UX mobile?

Metodo	Descrizione	Strumento
Test su Dispositivi Reali	Verifica l'usabilità su smartphone e tablet fisici.	BrowserStack, LambdaTest
Heatmap Mobile	Analizza dove gli utenti toccano lo schermo.	Hotjar, Crazy Egg
A/B Testing	Confronta due versioni di un'interfaccia mobile.	Google Optimize
Performance Test	Analizza velocità e tempi di caricamento.	Google PageSpeed Insights

Esercizio pratico: Esegui un test di **usabilità mobile su un sito web** e identifica almeno **3 aree di miglioramento**. Apporta una modifica e testa il risultato con Google Lighthouse.

Tool per Te

Hotjar: Per registrare sessioni mobile.

Google Optimize: Per testare versioni ottimizzate.

Design Adattivo per Smartwatch e Dispositivi IoT

Perché il Design Adattivo è essenziale per Smartwatch e IoT?
Negli ultimi anni, l'uso di **dispositivi wearable e IoT (Internet of Things)** è cresciuto esponenzialmente. **Smartwatch, assistenti vocali, dispositivi domestici intelligenti e interfacce su schermi ridotti** richiedono nuove strategie UX per garantire un'interazione fluida e intuitiva.

Dati chiave:
Il mercato degli smartwatch ha superato i **500 milioni di unità**

vendute a livello globale.

Oltre il **60% degli utenti di smartwatch** utilizza notifiche interattive ogni giorno.

I dispositivi IoT stanno diventando sempre più pervasivi, dal **controllo smart delle case** ai **sistemi di monitoraggio medico.**

Principi di UX Design per Smartwatch

Le interfacce degli smartwatch sono diverse dagli smartphone e devono essere progettate con un focus specifico.

Principi fondamentali del design per smartwatch

Principio UX	Descrizione	Esempio UX
Interazioni rapide e semplici	Gli utenti interagiscono con lo smartwatch per pochi secondi alla volta.	Apple Watch utilizza **swipe e tap veloci** per navigare tra le funzioni.
Uso efficace dello spazio	Gli schermi degli smartwatch sono molto piccoli, quindi ogni pixel è prezioso.	Google Wear OS utilizza **icone grandi e testi minimi**.
Focus sulle notifiche	Il principale utilizzo dello smartwatch è leggere e rispondere rapidamente.	WhatsApp su smartwatch permette **risposte rapide predefinite**.
Ottimizzazione del consumo energetico	La UX deve essere progettata per ridurre l'uso della batteria.	Modalità scura e refresh ridotto su Fitbit per prolungare la durata della batteria.
Gestione del contesto d'uso	Gli smartwatch vengono utilizzati in movimento e in situazioni diverse rispetto agli smartphone.	Google Maps per smartwatch offre **indicazioni vocali e vibrazioni per la navigazione a piedi**.

> **Esercizio pratico:** Progetta una schermata di un'app per smartwatch, ottimizzando spazi e interazioni. Testa l'interfaccia su un prototipo in Figma per vedere come appare su schermi ridotti.

Tool per Te
Figma Mirror: Per testare UI su smartwatch reali.
WatchKit (Apple): Per sviluppare app su Apple Watch.

UX Design per Dispositivi IoT: Interfacce oltre lo schermo

Quali sono le sfide dell'UX Design per l'IoT?
I dispositivi IoT spesso non hanno un'interfaccia grafica tradizionale, ma interagiscono con l'utente attraverso **voci, suoni, vibrazioni e comandi remoti**.
Questo richiede un nuovo approccio al design UX.

*Esempio reale: Gli assistenti vocali come **Alexa e Google Assistant** offrono esperienze utente completamente **basate su conversazione**, senza schermi.*

Best practices per la progettazione UX per IoT

Principio UX	Descrizione	Esempio UX
Minimizzare l'interazione manuale	L'utente deve poter utilizzare il dispositivo con il minimo sforzo.	Le smart TV si accendono automaticamente quando rilevano un utente vicino.
Interfacce multimodali	Un buon design IoT combina touch, voce, vibrazione e AI.	Amazon Echo combina comandi vocali con pulsanti fisici per maggiore accessibilità.
Risposte chiare e feedback immediato	L'utente deve sapere che il dispositivo ha ricevuto il comando.	Google Nest Hub mostra notifiche visive quando un'azione è confermata.

Personalizzazione e adattabilità	I dispositivi IoT devono adattarsi alle abitudini dell'utente.	Tesla regola automaticamente il clima interno in base alle preferenze del guidatore.
Privacy e sicurezza	I dispositivi IoT raccolgono dati sensibili e devono essere trasparenti su come li utilizzano.	Apple HomeKit richiede autorizzazioni esplicite prima di condividere dati tra dispositivi.

Esercizio pratico: Progetta il flusso di interazione per un dispositivo IoT (es. smart home, wearable, auto connessa). Definisci il feedback visivo, sonoro o tattile che il dispositivo dovrebbe fornire.

Tool per Te
Alexa Skills Kit: Per progettare esperienze vocali.
Google Nest Developer: Per sviluppare interfacce per dispositivi smart home.

Casi Studio: UX Innovativa per Smartwatch e IoT

Caso Studio 1: Apple Watch e il design delle micro-interazioni

Problema: Creare un'interfaccia per smartwatch che permetta interazioni rapide e intuitive senza sovraccaricare l'utente.

Soluzione UX:
Force Touch e scorrimento: Per ridurre il numero di pulsanti fisici.
Handoff tra dispositivi: Un'azione iniziata su Apple Watch può essere completata su iPhone o Mac.
Notifiche intelligenti: Priorità ai messaggi più importanti.

Risultato: Apple Watch ha migliorato il coinvolgimento utente e la soddisfazione con una UX ottimizzata per micro-interazioni.

Caso Studio 2: Nest Thermostat e UX adattiva

Problema: Creare un'interfaccia utente per un termostato smart senza rendere l'esperienza complicata.

Soluzione UX:

Machine Learning: Il termostato impara le preferenze dell'utente e si autoregola.

Interfaccia minimale: Solo un anello luminoso e un piccolo display per ridurre il carico cognitivo.

Controllo vocale: Compatibilità con Alexa e Google Assistant per un'UX fluida.

Risultato: Nest è diventato uno dei dispositivi smart home più popolari grazie alla sua UX intuitiva e personalizzabile.

CAPITOLO 11 EMOTIONAL DESIGN & PERSUASIVE UX: PROGETTARE PER LE EMOZIONI E LA PERSUASIONE

Obiettivo del capitolo: Imparare a progettare interfacce che influenzano le emozioni degli utenti, migliorano l'esperienza e aumentano il tasso di conversione.

Cos'è l'Emotional Design e perché è fondamentale?

L'UX Design non riguarda solo **funzionalità ed estetica**, ma anche le **emozioni** che un utente prova durante l'interazione con un prodotto digitale. Un design emozionale può:
- Creare **connessioni profonde** tra utente e brand.
  Aumentare **coinvolgimento e fedeltà**.
- Favorire la **memorizzazione dell'esperienza**.
- Migliorare **conversioni e interazioni**.

*Esempio reale: Apple utilizza **design emozionale** creando un'esperienza premium e minimale. **Il packaging, la fluidità delle animazioni e la semplicità dell'interfaccia generano emozioni positive**, rafforzando il legame con il marchio.*

I 3 livelli dell'Emotional Design secondo Don Norman

Don Norman, uno dei pionieri dell'UX, ha identificato **tre livelli di design emozionale**:

Livello	Descrizione	Esempio pratico
Viscerale	Reazione immediata e istintiva all'aspetto estetico.	Il design elegante di un iPhone crea un senso di desiderio.
Comportamentale	Esperienza pratica e usabilità durante l'interazione.	Un checkout senza frizioni riduce stress e aumenta le conversioni.
Riflessivo	Impressione a lungo termine e valore percepito.	Tesla crea senso di innovazione e status sociale con il suo design.

Esercizio pratico: Analizza un sito o app che ami e identifica i tre livelli di Emotional Design. Progetta un'interfaccia che generi emozioni positive in ogni fase.

Tool per Te
Adobe Color: Per scegliere palette cromatiche emotivamente efficaci.
Framer Motion: Per creare animazioni fluide e reattive.

Neurodesign e Psicologia della Percezione: Come colori, forme e animazioni influenzano le emozioni

Dopo aver compreso i tre livelli dell'Emotional Design di Don Norman, è fondamentale approfondire come la percezione visiva influisce sulle emozioni e sulle decisioni degli utenti. Il nostro cervello elabora stimoli visivi in pochi millisecondi, influenzando immediatamente la nostra risposta emotiva.

La Psicologia della Gestalt nell'UX

La **Teoria della Gestalt** spiega come il nostro cervello **organizza e interpreta le informazioni visive** per dare un senso agli oggetti. Questi principi sono essenziali nel design UX perché determinano **come gli utenti percepiscono un'interfaccia digitale.**

Principio Gestalt	Descrizione	Esempio UX
Prossimità	Gli elementi vicini vengono percepiti come correlati.	Gruppi di prodotti in un e-commerce.
Somiglianza	Oggetti simili vengono percepiti come appartenenti alla stessa categoria.	Bottoni dello stesso colore per azioni simili.
Continuità	Il cervello segue linee e forme fluide.	Layout con allineamenti chiari e coerenti.
Chiusura	Il cervello completa le forme incomplete.	Logo di WWF o di IBM, che lasciano spazi vuoti.
Figura-Sfondo	Il cervello distingue l'elemento principale dallo sfondo.	Testo con alto contrasto rispetto allo sfondo per leggibilità.

*Esempio reale: Apple utilizza **forme minimaliste, colori neutri e spazi bianchi bilanciati** per trasmettere un senso di **ordine e lusso**, creando un legame emotivo con gli utenti.*

Esercizio pratico: Analizza un'interfaccia digitale e identifica **quali principi della Gestalt vengono utilizzati.**
Migliora un layout UI implementando almeno due principi Gestalt per ottimizzare l'esperienza visiva.

Loghi iconici come quello di IBM e del World Wildlife Fund sono ottimi esempi di chiusura. Il logo di IBM ha linee blu in tre pile. Il logo del WWF ha forme nere su uno sfondo bianco che interpretiamo come la forma di un panda

Tool per Te
Adobe Color: Per scegliere palette cromatiche efficaci.
Figma: Per testare e applicare principi Gestalt nel design UI.

La Fluidità Cognitiva: Come le interfacce intuitive riducono lo stress mentale

Cos'è la Fluidità Cognitiva? Il concetto di fluidità cognitiva si riferisce alla facilità con cui il cervello processa le informazioni. Più un'interfaccia è intuitiva e coerente, meno sforzo cognitivo richiede all'utente.

Come migliorare la Fluidità Cognitiva nell'UX?

Less is More: Ridurre il numero di scelte per evitare sovraccarico cognitivo.
Coerenza visiva: Usare gli stessi colori, icone e terminologie per azioni simili.
Effetto Zeigarnik: Gli utenti ricordano meglio le attività incomplete, quindi evidenziare il progresso aiuta l'engagement (es. barre di completamento).

Esempio reale: Google Search utilizza un'interfaccia estremamente pulita e minimalista, rendendo la ricerca **fluida e priva di distrazioni**.

Esercizio pratico: Valuta la complessità di un sito web che usi spesso. Identifica almeno **tre elementi** che potrebbero essere semplificati per migliorare la fluidità cognitiva.

Tool per Te
Google Lighthouse: Per analizzare la leggibilità e il contrasto.
Notion: Per documentare miglioramenti nel flusso UX.

Come misurare l'impatto emotivo della UX

Misurare l'impatto emotivo di un'interfaccia è essenziale per comprendere come gli utenti reagiscono al design. Ecco alcune metriche e strumenti per valutare il coinvolgimento emotivo:

Metodo	Descrizione	Strumento
Eye-Tracking	Monitora i movimenti oculari per identificare dove cade l'attenzione.	Tobii Pro o software tracking
Facial Emotion Recognition	Analizza le espressioni facciali degli utenti durante l'uso di un'interfaccia.	Affectiva
GSR (Galvanic Skin Response)	Misura la risposta fisiologica allo stress o all'eccitazione emotiva.	iMotions
Test di Coinvolgimento Emotivo	Chiede agli utenti di valutare il loro stato emotivo prima/dopo	Google Forms, SurveyMonkey

	un'interazione.	
Analisi del Sentiment	Analizza il tono emotivo nei feedback testuali degli utenti.	IBM Watson NLP

Esercizio pratico: Scegli un'interfaccia digitale e osserva le reazioni degli utenti mentre la utilizzano. Usa uno strumento di analisi del sentiment per valutare i feedback raccolti.

Esempio di mappa di calore con eye tracking, che include una pagina con un neonato e un titolo accattivante che invita a prendersi cura della pelle del neonato.

È ovvio che il viso del bambino sta attirando molta attenzione. Osserva ora i modelli di navigazione quando è stata utilizzata un'immagine del bambino rivolto

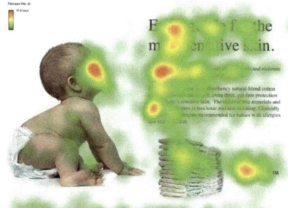

verso il testo.
Come puoi vedere dalla mappa di calore dell'eye tracking, gli utenti si sono

concentrati di nuovo sul viso del bambino (di lato) e hanno seguito direttamente la linea di vista del bambino fino al titolo e al testo di apertura. Anche l'area di testo verso cui puntava il mento del bambino è stata letta di più!

Tool per Te
FullStory: Per registrare sessioni utente e valutare il comportamento.
Qualtrics: Per misurare la soddisfazione emotiva con sondaggi UX.

Persuasive UX: Come guidare le azioni degli utenti

La **Persuasive UX** sfrutta **psicologia e design** per incentivare gli utenti a compiere determinate azioni, senza manipolazioni scorrette.

Le 6 Principi della Persuasione di Robert Cialdini applicati alla UX

Principio	Descrizione	Esempio UX
Reciprocità	Gli utenti tendono a restituire favori.	Offrire un eBook gratuito aumenta le iscrizioni alla newsletter.
Scarsità	Le persone danno più valore alle risorse limitate.	"Solo 3 pezzi rimasti" su Amazon aumenta la probabilità di acquisto.
Riprova sociale	Gli utenti seguono le scelte degli altri.	Le recensioni positive aumentano la fiducia.
Autorità	Ci fidiamo di esperti e figure autorevoli.	"Consigliato da esperti dermatologi" in un sito di skincare.
Coerenza	Le persone vogliono essere coerenti con le loro azioni precedenti.	Un questionario iniziale personalizza l'esperienza utente, rendendo il prodotto più coinvolgente.
Simpatia	Siamo più inclini ad	Un copy amichevole e umano

	acquistare da chi ci piace.	crea un'esperienza più positiva.

*Esempio reale: Booking.com usa **scarsità** ("Solo 1 camera disponibile") e **riprova sociale** ("5 persone stanno guardando questo hotel") per aumentare le prenotazioni.*

Esercizio pratico: Analizza un sito e-commerce e identifica almeno **3 principi di persuasione**. Progetta una schermata ottimizzata per aumentare le conversioni utilizzando queste tecniche.

Tool per Te

Google Optimize: Per testare diverse versioni di design persuasivi.

FullStory: Per analizzare il comportamento degli utenti in tempo reale.

Storytelling e UX: Come usare la narrazione per coinvolgere gli utenti

Lo **storytelling UX** trasforma un'interazione digitale in un'esperienza memorabile, creando connessioni emotive.

Elementi chiave dello Storytelling in UX:

1. **Personaggi**: Creare Personas reali per costruire una storia autentica.

2. **Conflitto**: Presentare il problema dell'utente e come il prodotto lo risolve.

3. **Soluzione**: Mostrare il cambiamento positivo generato dal design.

Esempio reale: Duolingo usa storytelling e gamification per motivare gli utenti ad apprendere nuove lingue, creando un percorso coinvolgente.

Esercizio pratico: Scrivi la storia di un utente che interagisce con il tuo prodotto, evidenziando **problema → soluzione → risultato positivo.**

Tool per Te
Notion: Per strutturare il tuo storytelling UX.
Figma: Per creare storyboards e flussi utente.

Storytelling UX: Creare Esperienze Coinvolgenti e Memorabili

Obiettivo della sezione: Comprendere come applicare tecniche di storytelling nell'UX per influenzare il comportamento degli utenti e migliorare la loro esperienza.

Perché lo Storytelling è fondamentale nell'UX? Lo **storytelling UX** è una tecnica che utilizza elementi narrativi per guidare l'utente attraverso un'esperienza digitale. **Le storie attivano le emozioni, migliorano la comprensione e aumentano l'engagement**, rendendo un prodotto più memorabile.

*Esempio reale: Airbnb utilizza **storie di host e viaggiatori** per creare connessioni emotive e migliorare il coinvolgimento degli utenti, aumentando la fiducia e le prenotazioni.*

Elementi chiave dello Storytelling UX

Una buona storia UX deve avere:
1. Un protagonista (utente): Chi sta vivendo l'esperienza digitale?
2. Un obiettivo chiaro: Qual è il problema che l'utente vuole risolvere?
3. Un conflitto o ostacolo: Quali sfide deve superare l'utente?
4. Una risoluzione: Come il prodotto o servizio migliora la vita dell'utente?

Esempio UX:
Senza storytelling: "Acquista il nostro software gestionale per

migliorare la tua produttività."

Con storytelling: *"Francesca, manager di un team di 10 persone, faticava a tenere traccia dei progetti. Con il nostro software, ora pianifica attività in pochi minuti e il team è più efficiente."*

Esercizio pratico: Scegli un prodotto digitale e prova a raccontarlo attraverso una storia utente in **3 frasi**. Verifica se il racconto migliora la comprensione e il valore percepito del prodotto.

Tool per Te
Notion: Per creare narrazioni UX strutturate.
Storyboard That: Per visualizzare lo storytelling UX con storyboard interattivi.

Tecniche di Storytelling UX per Influenzare le Decisioni dell'Utente

Come applicare lo storytelling nei prodotti digitali?

Tecnica UX	Descrizione	Esempio UX
User Journey Narrative	Trasformare il percorso utente in una storia coinvolgente.	Dropbox mostra la storia di un team che collabora senza problemi grazie alla condivisione dei file.
Microcopy Emotivo	Usare testi brevi per evocare emozioni.	Duolingo incoraggia gli utenti con frasi motivazionali ("Stai facendo un ottimo lavoro!").
Scenari Interattivi	Creare esperienze dove l'utente è protagonista.	Netflix personalizza l'interfaccia basandosi sulla cronologia di visione, rendendo ogni utente parte della propria storia.
Narrative Onboarding	Introdurre il prodotto attraverso una narrazione guidata.	Slack utilizza una guida interattiva che spiega il prodotto con un tono colloquiale e amichevole.

Esercizio pratico: Scegli un'app o un sito e analizza **se e come utilizza il storytelling** per migliorare l'UX. Progetta un esempio di **narrative onboarding** per un nuovo utente di un servizio digitale.

Tool per Te
Figma: Per creare wireframe e storyboard di storytelling UX.
UserTesting: Per testare se una narrazione UX migliora la comprensione del prodotto.

L'Impatto dello Storytelling sulle Decisioni dell'Utente
Perché il nostro cervello è attratto dalle storie?

Coinvolgimento emotivo: Le storie attivano il sistema limbico, aumentando il ricordo e l'engagement.
Decision-making semplificato: Il cervello preferisce processare storie piuttosto che dati astratti.
Aumento della fiducia: Un racconto autentico può ridurre le barriere cognitive e incentivare l'azione.

Esempio reale: Nike non vende solo scarpe, ma racconta storie di atleti che superano sfide, creando un'identità forte e motivazionale.

Esercizio pratico: Progetta un **messaggio persuasivo** basato su storytelling per aumentare il tasso di conversione di un prodotto. Testa due versioni di copy UX (uno con storytelling e uno senza) e misura quale funziona meglio.

Motion & Microinteractions: Il potere delle animazioni nell'UX

Le microinterazioni e le animazioni fluide migliorano l'esperienza utente e rendono il design più intuitivo ed emozionale.

Principi fondamentali delle animazioni UX:

Feedback immediato: Una microinterazione aiuta l'utente a capire che l'azione è stata registrata.

Naturalezza nei movimenti: Le animazioni devono seguire logiche fisiche per sembrare realistiche.

Tempistiche bilanciate: Un'animazione troppo veloce sembra brusca, una troppo lenta diventa frustrante.

Esempio reale: Facebook usa piccole animazioni (like che si anima) per aumentare l'engagement emotivo.

Esercizio pratico: Sviluppa una microinterazione per un pulsante "Aggiungi al carrello" che renda l'esperienza più intuitiva.

Tool per Te

Framer Motion: Per creare animazioni reattive in UI.

Lottie: Per integrare microinterazioni animate senza appesantire il sito.

CAPITOLO 12 GAMIFICATION & UX: AUMENTARE L'ENGAGEMENT CON LE MECCANICHE DI GIOCO

Obiettivo del capitolo: Imparare a integrare le meccaniche di gioco nella UX per aumentare engagement e fidelizzazione.

Cos'è la Gamification e perché è importante nell'UX?

La **Gamification** è l'integrazione di elementi e meccaniche di gioco in contesti non ludici per **motivare e coinvolgere gli utenti**. In UX Design, la gamification aiuta a **migliorare l'esperienza utente**, aumentare il coinvolgimento e incentivare azioni chiave.

*Esempio reale: Duolingo utilizza **punti, badge e obiettivi giornalieri** per rendere l'apprendimento delle lingue più coinvolgente.*
*Risultato: il tasso di retention degli utenti è **molto più alto** rispetto ad altre app di apprendimento.*

Le 6 Meccaniche di Gamification per migliorare la UX

Meccanica	Descrizione	Esempio UX
Punti	Assegnare punti per	Programmi fedeltà come

	incentivare le azioni.	quelli di Starbucks.
Badge & Livelli	Premiare il progresso con distintivi.	Badge per completamento corsi su Coursera.
Leaderboard	Classifiche per creare competizione sana.	Fitbit mostra i passi percorsi rispetto agli amici.
Progress Bar	Mostrare il completamento di un'attività.	LinkedIn indica quanto è completo il tuo profilo.
Missioni & Sfide	Incentivare gli utenti con obiettivi.	Nike Training Club offre sfide mensili di allenamento.
Feedback Immediato	Premiare subito l'utente per una buona azione.	"Ottimo lavoro!" dopo aver completato una lezione su Duolingo.

Esempio di duolingo

Esercizio pratico: Analizza un sito o app che utilizzi e identifica **quali meccaniche di gamification usa**. Pensa a come potresti migliorare un'interfaccia integrando una di queste meccaniche.

Tool per Te
Gamify: Per aggiungere meccaniche di gioco a siti web.
Miro: Per progettare un'esperienza gamificata.

I 4 Pilastri della Gamification in UX

Per rendere efficace la Gamification, è fondamentale comprendere i pilastri che motivano gli utenti:

Pilastri	Descrizione	Esempio UX
Motivazione	L'utente deve sentire il desiderio di partecipare.	La sfida giornaliera di Duolingo.
Coinvolgimento	L'esperienza deve essere interessante e interattiva.	Quiz interattivi nei corsi di e-learning.
Progressione	Gli utenti devono percepire il loro avanzamento.	Le barre di progresso nei profili utente.
Ricompense	Deve esserci un premio per incentivare l'uso costante.	Punti fedeltà che si trasformano in sconti.

Esercizio pratico: Progetta un sistema di **gamification per un sito o un'app**, includendo **almeno due meccaniche e un sistema di progressione**. Testalo con utenti reali e raccogli feedback.

Tool per Te
Google Optimize: Per testare versioni con e senza gamification e vedere quale funziona meglio.
UXPressia: Per mappare il percorso utente e trovare punti di miglioramento.

Gamification e Psicologia: Il Modello Octalysis

Come la psicologia influenza la Gamification? Il modello

Octalysis di Yu-kai Chou identifica **otto driver motivazionali** che rendono efficace la gamification.

Driver	Descrizione	Esempio UX
Accomplishment	Il senso di progresso motiva gli utenti.	Badge su Fitbit per i traguardi di corsa.
Empowerment	Gli utenti devono sentirsi in controllo.	Customizzazione dell'avatar in app educative.
Social Influence	Competizione e collaborazione migliorano l'engagement.	Classifiche nei giochi e nelle app fitness.
Imprevedibilità	La sorpresa mantiene l'attenzione alta.	Loot box nei videogiochi.
Evitare la perdita	Il timore di perdere un vantaggio spinge all'azione.	Strisce di completamento giornaliero su Duolingo.
Scarsità	Gli utenti vogliono ciò che è limitato.	Offerte a tempo su e-commerce.
Ownership	Possesso e personalizzazione	Collezionare skin in Fortnite
Curiosity	Esplorazione, creatività e scoperta.	Creare playlist su Spotify.

Esercizio pratico: Scegli un'app che utilizzi frequentemente e identifica **quali driver motivazionali utilizza**. Progetta un'esperienza gamificata che utilizzi **almeno tre driver Octalysis**.

Tool per Te

Octalysis Tool: Per valutare il livello di gamification di un prodotto.
Typeform; Per creare quiz e sfide interattive.

Esempi di successo nel mondo reale: Come la Gamification ha trasformato l'esperienza utente

La **Gamification** è stata adottata con successo da molte aziende per **aumentare il coinvolgimento, la fidelizzazione e il valore del brand**. Vediamo due esempi di successo: **il programma fedeltà di Starbucks** e **il sistema di punti di Duolingo**.

Caso studio 1: Starbucks Rewards, come la gamification ha migliorato la fidelizzazione

Problema: Starbucks voleva incentivare la fidelizzazione dei clienti e aumentare il numero di acquisti ripetuti.

Soluzione UX basata su Gamification:
Introduzione del **programma Starbucks Rewards** con punti e livelli di fedeltà.
Gli utenti guadagnano **"Stars"** per ogni acquisto e possono riscattarle per bevande gratuite.
Sistema a **livelli** → Più si acquista, più vantaggi si ottengono.
Obiettivi a tempo e promozioni speciali per mantenere alto l'engagement.

Risultato: +25% di fidelizzazione e un aumento degli acquisti ripetuti.

Esercizio pratico: Analizza un programma fedeltà di un brand che usi frequentemente.
Identifica **quali elementi di Gamification** vengono utilizzati e come migliorare l'esperienza.

Tool per Te
LoyaltyLion: Per creare sistemi di fidelizzazione gamificati.
Miro: Per mappare l'esperienza utente nei programmi fedeltà.

Caso studio 2: Duolingo - Il potere dei punti, badge e streaks

Problema: Le persone spesso abbandonano l'apprendimento di una lingua per mancanza di motivazione e disciplina.

Soluzione UX basata su Gamification:
Punti XP per ogni lezione completata.
Strisce giornaliere (streaks) per incoraggiare l'apprendimento costante.
Badge e livelli per premiare il progresso degli utenti.
Sfide tra amici per aumentare la motivazione sociale.
Feedback immediato con animazioni e suoni per gratificare gli utenti.
Risultato: +50% di retention degli utenti rispetto ad altre app educative.

Esercizio pratico: Progetta un sistema di **gamification per un'app di apprendimento** con almeno tre meccaniche di gioco.
Testa l'efficacia del sistema con utenti reali e raccogli feedback.

Tool per Te
Gamify: Per implementare dinamiche di gioco in un prodotto digitale.
Google Optimize: Per testare varianti gamificate di una stessa esperienza.

Come evitare la frustrazione da Gamification

Quando la Gamification può essere dannosa? Se mal progettata, la gamification può diventare un'**esperienza frustrante** e **controproducente**, causando l'abbandono dell'utente invece di incentivarlo.

Errori comuni da evitare nella Gamification

Errore	Descrizione	Soluzione UX
Sovraccarico di meccaniche	Troppi badge, punti e livelli possono confondere gli utenti.	Usare solo 2-3 meccaniche chiave.
Difficoltà mal bilanciata	Se le ricompense sono troppo facili o troppo difficili, gli utenti perdono interesse.	Aggiustare la difficoltà progressivamente con challenge equilibrate.
Ricompense senza valore reale	Se i punti o i badge non offrono vantaggi tangibili, l'utente li ignora.	Offrire premi concreti (sconti, vantaggi esclusivi).
Forzatura della competizione	Troppa enfasi sulle classifiche può scoraggiare chi non è tra i primi.	Creare competizioni più personali e orientate al miglioramento.
Loop infiniti	Alcuni sistemi di gamification possono diventare monotoni se non rinnovati.	Aggiornare regolarmente le dinamiche di gioco.

*Esempio reale: Foursquare, inizialmente popolare per il sistema di badge e classifiche basate su check-in, ha perso utenti perché **le ricompense non avevano valore reale** e il sistema è diventato ripetitivo.*

> **Esercizio pratico:** Prendi un'esperienza gamificata e identifica **cosa potrebbe renderla frustrante per l'utente**. Proponi soluzioni per rendere il sistema di gioco più bilanciato e motivante.

Tool per Te

Typeform: Per raccogliere feedback dagli utenti su cosa li motiva di più.

UXPressia: Per mappare il customer journey di un'esperienza gamificata.

Gamification & UX: Quando usarla e quando evitarla

Quando implementare la Gamification?

✓ Quando vuoi **aumentare l'engagement** e la retention.

✓ Per incentivare comportamenti specifici (es. completamento di un onboarding).

✓ Per rendere più coinvolgente un'esperienza altrimenti ripetitiva.

Quando NON usarla? Se la gamification è forzata e non aggiunge valore.

✗ Se distrae gli utenti dagli obiettivi principali.

✗ Se può risultare frustrante (es. livelli troppo difficili da raggiungere).

*Esempio reale: Google ha introdotto la **Gamification nei feedback di Google Maps**, premiando gli utenti con badge e livelli per le loro recensioni.*

Risultato: più contributi da parte degli utenti, migliorando i dati disponibili sulla piattaforma.

Esercizio pratico: Valuta un prodotto digitale e identifica **se la gamification è utile o superflua**. Se manca, progetta un sistema di **engagement basato su gamification**.

Tool per Te

Miro: Per creare flussi di engagement gamificati.

Trello: Per strutturare un sistema di progressione e ricompense.

CAPITOLO 13 UX WRITING & MICROCOPY: IL POTERE DELLE PAROLE NELLA USER EXPERIENCE

Obiettivo del capitolo: Comprendere l'importanza delle parole nell'UX, migliorare il microcopy e testarlo con metodi efficaci.

Perché l'UX Writing è fondamentale?

L'UX Writing non è solo un dettaglio estetico, ma un **elemento chiave della User Experience**. Le parole guidano l'utente, eliminano incertezze e aumentano le conversioni.

*Esempio reale: Airbnb ha aumentato del **31%** le conversioni cambiando il testo del pulsante da **"Prenota"** a **"Conferma la tua prenotazione"**. Il nuovo copy riduce l'ambiguità e aumenta la fiducia dell'utente.*

I 4 principi fondamentali del buon UX Writing

Per scrivere un buon copy UX, segui questi **quattro principi essenziali**:

Principio	Descrizione	Esempio UX
Chiarezza	Il testo deve essere immediatamente comprensibile.	✗"Errore nel modulo" ✓"Inserisci un'email valida"
Concisione	Meno parole, più efficacia.	✗"Clicca qui per inviare" ✓"Invia"
Coerenza	Lo stile deve essere uniforme in tutto il sito.	Usa sempre lo stesso termine per una stessa azione.
Empatia	Il linguaggio deve essere amichevole e utile.	✗ "Errore 404" ✓"Ops! La pagina non esiste più, vuoi tornare alla Home?"

Esempio di Cta

Esercizio pratico: Scegli una pagina web e analizza il microcopy. Identifica punti in cui il copy può essere **più chiaro, conciso, coerente ed empatico**.

Tool per Te
Hemingway Editor: Per rendere i testi più leggibili e diretti.
Grammarly: Per correggere errori e migliorare la coerenza.

Esempio Reale: *Il falso allarme nucleare delle Hawaii (2018)*
Contesto: Un messaggio di emergenza inviato per errore alla popolazione recitava:

✗ *"BALLISTIC MISSILE THREAT INBOUND TO HAWAII. SEEK IMMEDIATE SHELTER. THIS IS NOT A DRILL."*

Problemi di UX Writing:

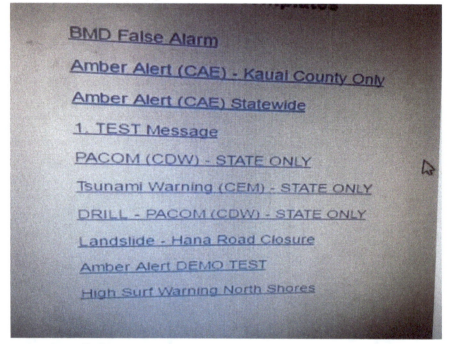

Mancanza di chiarezza: Nessuna indicazione su come verificare l'allarme o su cosa fare dopo.

Tono allarmante e non empatico: Il messaggio generò panico, senza rassicurazioni o istruzioni pratiche.

Assenza di coerenza: Non c'era un sistema per correggere l'errore rapidamente (il messaggio di rettifica arrivò dopo 38 minuti).

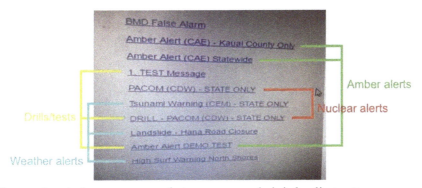

Come si nota è un caos assoluto, senza un briciolo di struttura o organizzazione

Come migliorare seguendo i 4 principi:

Attenzione: Allarme missile ricevuto. Verifica in corso. Resta al sicuro e segui le istruzioni ufficiali. Aggiornamenti a breve.

Chiarezza: Spiega che l'allarme è in verifica.

Empatia: Rassicura e fornisce un'azione ("resta al sicuro").

Coerenza: Rimanda a fonti ufficiali per aggiornamenti.

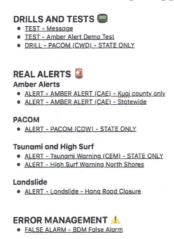

Microcopy persuasivo: Come scrivere testi che guidano l'utente

Il **Microcopy** è il testo breve che troviamo nei **pulsanti, moduli,**

messaggi di errore, notifiche, checkout e altri elementi interattivi.
Tipologie di Microcopy UX e Best Practices
Pulsanti & Call to Action (CTA)

✓ Usa verbi d'azione e spiega il beneficio.

✓ Evita parole vaghe come "Clicca qui" o "Invia".

Esempio: ✗ *"Iscriviti"* ✓*"Iscriviti gratis e prova per 30 giorni"*
✗ *"Acquista"* ✓ *"Ottieni il tuo prodotto ora"*

Form & Input Fields
Guida l'utente con placeholder utili e etichette chiare.
Specifica formati accettati per evitare errori.

Esempio: ✗ *Campo Email: [ ]* ✗ *"Errore nel modulo"* ✓ *Campo Email: [Inserisci la tua email]* ✓ *"Inserisci un'email valida (es. nome@email.com)"*

Messaggi di Errore & Notifiche
Non far sentire in colpa l'utente, usa toni rassicuranti.
Offri soluzioni chiare invece di messaggi generici.

Esempio: ✗ *"Password errata"* ✓ *"La password non è corretta. Hai dimenticato la password?"* ✗ *"Pagina non trovata"* ✓ *"Ops! La pagina non esiste più, ma puoi cercare qualcosa di simile."*

Esercizio pratico: Scegli un sito e-commerce e analizza il copy di pulsanti, form ed errori. Scrivi **alternative più chiare e persuasive** per almeno tre elementi.

Tool per Te
UX Writing Hub: Per approfondire il Microcopy UX.

Notion: Per organizzare versioni alternative di copy e testarle.

Tone of Voice per UX Writing: Adattare il linguaggio in base al contesto

Il **Tone of Voice (ToV)** è il modo in cui un brand comunica attraverso il linguaggio. Nell'UX Writing, è essenziale **adattare il tono in base al contesto e al target di riferimento** per garantire coerenza e chiarezza.

Perché è importante il Tone of Voice nell'UX?
✓ Definisce l'identità del brand e la sua personalità.
✓ Migliora la comprensione e la fiducia dell'utente.
✓ Evita ambiguità e confusione, facilitando la navigazione.

Differenze di Tone of Voice nei vari settori

Settore	Caratteristiche del ToV	Esempio UX Writing
Bancario & Finanziario	Formale, rassicurante, affidabile.	"I tuoi dati sono protetti con il massimo livello di sicurezza."
E-commerce	Amichevole, persuasivo, chiaro.	"Acquista ora e ricevi il tuo ordine entro 48 ore!"
Healthcare & Salute	Empatico, chiaro, professionale.	"Prenota la tua visita in pochi semplici passi."
Social Media & App	Informale, coinvolgente, diretto.	"Ehi! Ti sei perso qualcosa di interessante. Guarda ora!"
SaaS & Tecnologia	Tecnico, intuitivo, orientato alla soluzione.	"Automatizza il tuo flusso di lavoro con pochi clic."

*Esempio reale: Slack adotta un **tono informale e amichevole**, mentre PayPal utilizza **un linguaggio rassicurante per guadagnare*** *fiducia negli utenti.*

> **Esercizio pratico:** Analizza il Tone of Voice di un sito web o app che usi spesso. Scrivi due versioni di un messaggio UX per due settori diversi, adattando il tono.

Tool per Te:
Hemingway Editor: Per semplificare il linguaggio e migliorare la leggibilità.
Notion: Per creare una guida di Tone of Voice per il tuo progetto UX.

UX Writing per la fiducia: Scrivere messaggi di errore, policy e termini d'uso in modo trasparente

Perché la chiarezza è fondamentale nei testi informativi? Molte aziende scrivono policy, termini d'uso e messaggi di errore in modo complesso e poco accessibile. Un **UX Writing chiaro e user-friendly** aiuta gli utenti a sentirsi sicuri e a comprendere meglio le informazioni.

Come scrivere messaggi di errore efficaci

✓ **Chiarezza**: Spiega esattamente cosa è andato storto.

✓ **Soluzione**: Indica cosa fare per risolvere il problema.

✓ **Tono empatico**: Evita di far sentire in colpa l'utente.

Esempio:

✗ *"Errore 404"*

✓ *"Oops! La pagina che cerchi non esiste più. Vuoi tornare alla Home?"*

UX Writing per Policy e Termini d'uso

Come rendere leggibili policy e termini d'uso?

✓ **Evita il linguaggio legale complicato.**

✓ **Usa paragrafi brevi e chiari.**

✓ **Fornisci esempi concreti.**

Esempio:

✗ *"L'utente accetta di non utilizzare il servizio in violazione delle leggi vigenti."*

✓ *"Puoi usare il nostro servizio per scopi personali, ma non per attività illegali come frodi o spam."*

Esercizio pratico: Scrivi una versione più chiara e user-friendly di un Termini d'Uso complesso. Testa la comprensibilità del testo chiedendo a un amico di leggerlo e spiegartelo.

Tool per Te
Legalese Decoder → Per semplificare i testi legali in linguaggio chiaro.
UX Writing Hub → Per approfondire strategie di scrittura UX trasparente.

A/B Testing per ottimizzare il Copy UX

Cos'è un A/B Test? Un **A/B test** confronta due versioni di un elemento (es. un pulsante o un titolo) per vedere quale funziona meglio con gli utenti.

Come fare un A/B Test sul Microcopy
1. **Definisci un obiettivo chiaro**: Es. aumentare i click su un pulsante.

2. **Crea due versioni del copy**: Es. "Iscriviti ora" vs. "Prova gratis per 30 giorni".

3. **Mostra ogni versione a metà degli utenti.** ⊞**Analizza i dati** → Quale versione ha portato più conversioni?

Esempio reale: Un sito di e-learning ha testato due versioni per il pulsante di iscrizione:
Versione A: *"Registrati ora"*
Versione B: *"Inizia gratis"*
La ***Versione B ha ottenuto il 22% in più di iscrizioni****, perché il termine "gratis" riduce la percezione del rischio.*

Esercizio pratico: Crea due versioni di un pulsante o messaggio di errore. Testale con **Google Optimize** o **VWO** per scoprire quale funziona meglio.

Tool per Te.
Google Optimize: Per testare versioni diverse di un copy UX.
Hotjar: Per analizzare dove gli utenti si bloccano nei testi.

CAPITOLO 14 TESTARE E VALIDARE: USER TESTING E RACCOLTA FEEDBACK

Obiettivo del capitolo: imparare i metodi di testing UX, gli strumenti migliori e come interpretare i risultati.

Perché i test di usabilità sono essenziali?

Hai progettato l'architettura del sito, creato wireframe e prototipi.
Ora è il momento di testarli con utenti reali.
Obiettivo dei test di usabilità:
1. Identificare **problemi e ostacoli** nella navigazione.
2. Comprendere **cosa funziona e cosa no** nel design.
3. Ottenere **feedback reale dagli utenti** per migliorare l'esperienza.
4. Ottimizzare il sito prima dello sviluppo finale **per evitare costi extra.**

Dati chiave:
Il **50% dei progetti fallisce** perché non vengono testati prima del lancio.
Un test di usabilità su **5 utenti** può scoprire fino all'**85% dei problemi UX**.

Tipologie di Test di Usabilità

Esistono diversi metodi per testare un sito o un'app. La scelta dipende da **budget, tempo e obiettivi.**

Test Qualitativi vs. Quantitativi

Tipo	Descrizione	Esempio pratico
Test qualitativi	Raccoglie feedback dettagliati e osservazioni dirette	Osservare gli utenti mentre navigano nel sito
Test quantitativi	Basato su dati misurabili, numerici e statistiche	Heatmap, tempo di permanenza, tassi di conversione

I test qualitativi spiegano il "perché", mentre **quelli quantitativi dicono "cosa" succede.**

I 5 Metodi di User Testing più efficaci

Guerilla Testing (Test Rapidi ed Economici)

Cos'è? Testare un sito/prototipo con utenti "casuali", come colleghi o amici. È veloce, economico e utile per scoprire problemi immediati.

*Esempio reale: Una startup ha fatto **Guerilla Testing in un coworking**, chiedendo ai presenti di testare un'app per prenotare spazi. **Risultato: ha scoperto che molti non capivano il pulsante principale**.*

Quando usarlo?

✓Budget limitato.

✓Vuoi identificare problemi di base in poco tempo.

Strumenti consigliati: Nessuno, basta il tuo prototipo su **Figma o InVision**.

Test di Usabilità Moderati (Osservazione diretta)

Cos'è? Osservare un utente mentre naviga nel sito, facendo domande per capire difficoltà e aspettative. Può essere fatto dal vivo o in videochiamata.

*Esempio reale: Un e-commerce ha scoperto, grazie a **test moderati**, che gli utenti **cercavano un pulsante "Torna al Carrello"** nella pagina di pagamento. **Risultato**: ha aggiunto il pulsante, riducendo gli abbandoni del **18%**.*

Quando usarlo?

✓ Vuoi feedback dettagliati e approfonditi.

✓ Hai tempo per testare almeno 5 utenti.

Strumenti consigliati:
Lookback.io (per test remoti registrati)
Zoom + Condivisione schermo

Tree Testing (Test della Navigazione e IA)

Cos'è? Verifica se gli utenti trovano le informazioni nel sito senza difficoltà. Si usa **un albero di navigazione senza design grafico**, per testare solo la logica del menu e delle categorie.

Esempio reale: Un sito di ricette ha testato la sua navigazione con **Tree Testing** *e scoperto che* **gli utenti non trovavano le categorie "Vegetariano" e "Senza Glutine"**. **Risultato:** *ha riorganizzato il menu, aumentando il tempo di permanenza del* **28%**.

Quando usarlo?

✓ Vuoi ottimizzare la struttura del sito prima di svilupparlo.

✓ Stai testando un e-commerce o un sito con molte pagine.

Strumenti consigliati:
Treejack (Optimal Workshop)
UsabilityHub

Heatmap & Click Tracking (Analisi del comportamento utente)

Cos'è? Le **heatmap** mostrano dove gli utenti cliccano di più. Aiuta a capire se i pulsanti e le call-to-action sono posizionati correttamente.

Esempio reale: Un e-commerce ha scoperto, tramite **Hotjar**, che **molti utenti cliccavano su un'immagine aspettandosi un link** → ha trasformato l'immagine in un pulsante e le vendite sono aumentate del **20%**.

Quando usarlo?

✓ Vuoi analizzare il comportamento degli utenti su un sito già online.

Strumenti consigliati:
Hotjar (heatmap e registrazione sessioni)
Crazy Egg

A/B Testing (Confronto tra due versioni del design)

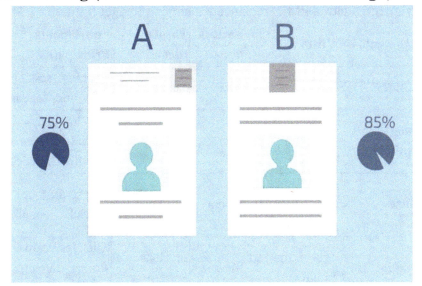

Cos'è? Confrontare due versioni di una pagina per vedere quale funziona meglio. Misura metriche come tasso di conversione, tempo sulla pagina, click sui pulsanti.

Esempio reale: Un blog ha testato **due versioni del pulsante "Iscriviti"**:
Versione A: *"Ricevi Aggiornamenti"*
Versione B: *"Iscriviti alla Newsletter"*
La **Versione B ha avuto il 27% in più di iscrizioni**.

Quando usarlo?
✓ Vuoi migliorare conversioni e CTR.
✓ Hai già un sito con traffico e vuoi ottimizzarlo.

Strumenti consigliati:
Google Optimize
VWO (Visual Website Optimizer)

Strumenti per Test di Usabilità: Scegliere lo Strumento Giusto

Strumenti adatti a PMI, freelance e team con budget limitati:

Strumento	Costo	Facilità d'uso	Target Ideale	Funzionalità Principali
Hotjar	Freemium (base gratis)	Alta	PMI, Marketer	Heatmap, session recording, sondaggi
Google Optimize	Gratuito	Alta	Freelance, PMI	A/B Testing, integrazione con Google Analytics
Maze	A pagamento (piani da $49/mese)	Media	Web Designer, Team UX	Test su prototipi, metriche dettagliate
UsabilityHub	Freemium (test rapidi gratis)	Media	Freelance, Startup	Click test, card sorting, domande rapide
Lookback	A pagamento (da $99/mese)	Bassa	Team avanzati, Agenzie	User testing remoto con video e note

Esempio d'uso per una PMI:

Un negozio online usa Hotjar (gratis) per scoprire che gli utenti non vedono il pulsante "Acquista ora". Con Google Optimize, testano due versioni della pagina e scelgono quella con conversioni +18%.

Come scegliere il metodo giusto?

Scenario	Metodo ideale
Hai un prototipo e poco budget	Guerilla Testing
Vuoi capire l'uso reale del sito	Heatmap o test moderato
Devi ottimizzare il menu/nav	Tree Testing
Vuoi migliorare una CTA o layout	A/B Testing
Hai bisogno di metriche numeriche	Test quantitativi

Pro tip: Se puoi, combina test qualitativi e quantitativi

Script per Test di Usabilità: Domande e Template
(Dopo scansionato il qrcode, trovi tutti I template pronti)
Scarica gli script e template pronti all'uso (scansiona il QR CODE
A FINE LIBRO)

*Esempio di Mini checklist pre-test (da stampare o usare prima di
ogni sessione)*
Ho definito gli obiettivi del test?
Ho scelto utenti rappresentativi?
Ho preparato i task da far eseguire?
Ho predisposto strumenti di registrazione?
Ho un template per raccogliere osservazioni?
Le domande post-test sono neutre?

Cosa include lo script? Fase 1 Preparazione
Checklist per reclutare utenti (es: "Cerca 5 persone che rappresentino
il tuo target").
Esempio di email per invitare i partecipanti.

Fase 2 Introduzione Domande neutre per evitare bias:
"Cosa ti aspetti di trovare su questo sito?" invece di *"Trovi intuitivo
questo menu?"*.

Fase 3 Esecuzione dei task
Esempio di task per un e-commerce:
"Trova un paio di scarpe da running e aggiungile al carrello".
Istruzioni per l'osservatore: *"Non aiutare l'utente, annota i blocchi".*

Fase 4 Follow-up
Domande post-test:
"Qual è stata la parte più frustrante dell'esperienza?"
"Cosa miglioreresti?"

Esempio di Domanda Corretta vs. Bias

Neutrale	Con Bias
"Descrivimi come troveresti X"	*"Non trovi difficile trovare X?"*
"Cosa pensi di questa schermata?"	*"Ti piace questo design?"*

Checklist Anti-Bias per il Moderatore

✓ Non suggerire risposte ("Prova a cliccare qui...").

✓ Usa un tono neutro, non guidare l'utente.

✓ Registra le sessioni (con permesso) per rivedere i dettagli.

Caso Reale: Come un freelance ha evitato un errore grazie allo script

Un graphic designer ha testato il suo portfolio con domande biased (*"Ti piace la scelta dei colori?"*). Dopo aver usato lo script con domande neutre, ha scoperto che gli utenti non trovavano il pulsante "Contatti". **Risultato:**Ha spostato il pulsante in alto a destra +35% di richieste.

Perché funziona?

Lo script è **pronto all'uso**, adattabile a qualsiasi progetto.

Le domande neutre evitano di influenzare gli utenti, dando **dati affidabili**.

La tabella comparativa aiuta a scegliere strumenti **senza sprecare budget**.

Interpretare i Risultati dei Test UX

Come analizzare i dati?

Identifica i problemi più comuni (es. utenti confusi su un pulsante).

Dai priorità ai problemi gravi (es. errori che impediscono la conversione).

Confronta i dati qualitativi e quantitativi (cosa dicono gli utenti vs. cosa mostrano i numeri).

Implementa miglioramenti e ripeti i test.

*Esempio: Un e-commerce ha scoperto che il **75% degli utenti non completava il checkout** perché il campo "Codice Fiscale" sembrava obbligatorio (ma non lo era). Dopo averlo reso facoltativo, il tasso di completamento è aumentato del **20%**.*

Esercizio pratico: Testa il tuo sito con utenti reali

Obiettivo: Scoprire problemi UX con test pratici.

Passaggi:

Scegli **5 persone** che rappresentano i tuoi utenti target.

Chiedi loro di completare un compito (es. acquistare un prodotto, iscriversi).

Osserva e prendi nota di **dove si bloccano**.

Raccogli il feedback e **apporta miglioramenti**.

Ripeti il test dopo le modifiche.

Domanda chiave: L'utente riesce a completare il compito senza difficoltà?

Consigli Smart

Il primo test rivela il 70% dei problem: Non serve testare con 100 utenti, ne bastano pochi.

Heatmap per dati reali: Scopri dove gli utenti cliccano e come si muovono nel sito.

A/B Testing per migliorare → Cambia solo un elemento alla volta per capire cosa funziona meglio.

I test di usabilità sono essenziali per migliorare la UX prima del lancio.

Metodi come Heatmap, A/B Testing e Guerilla Testing aiutano a identificare problemi.

Dati qualitativi e quantitativi devono essere combinati per decisioni strategiche.

Iterazione continua: Testare, correggere, migliorare.

Esercizi pratici

Fai un **Guerilla Testing** con un collega.

Usa **Hotjar** per analizzare il comportamento utente.

Confronta due versioni di una pagina con **A/B Testing**.

CAPITOLO 15 UX DATA-DRIVEN: PRENDERE DECISIONI BASATE SUI DATI

Obiettivo del capitolo: Imparare a raccogliere, analizzare e applicare dati UX per migliorare prodotti digitali in modo efficace.

Perché i dati sono fondamentali per l'UX?

L'UX Design non è solo creatività e intuizione, ma anche **analisi e ottimizzazione continua**. Prendere decisioni UX basate sui dati significa:
- Ridurre l'incertezza nelle scelte di design.
- Ottimizzare il percorso utente basandosi su comportamenti reali.
- Aumentare conversioni e fidelizzazione grazie a insight misurabili.

Il mindset UX data-driven
Essere UX data-driven non significa seguire ciecamente i numeri, ma interpretarli con spirito critico, combinandoli con empatia verso l'utente.

Ricorda:
I dati ti dicono cosa succede, ma non sempre perché.
I dati vanno letti nel contesto: lo stesso KPI può significare cose

diverse in base alla pagina, al dispositivo, all'obiettivo.
I test senza interpretazione portano a false conclusioni: i dati non
sono risposte, ma domande migliori.

*Esempio reale: Un e-commerce ha testato due versioni della pagina
prodotto con A/B Testing. Risultato: la versione con immagini più
grandi e recensioni evidenti ha aumentato le vendite del 25%.*

Quali dati raccogliere per migliorare la UX?
Per ottimizzare la UX, possiamo raccogliere **dati quantitativi**
(numerici e misurabili) e **dati qualitativi** (feedback e
comportamento utente).
Dati Quantitativi: i numeri che rivelano problemi UX

Tipo di Dato	Cosa misura?	Strumento
Heatmap	Dove gli utenti cliccano e si soffermano	Hotjar, Crazy Egg
Scroll Depth	Quanto gli utenti scorrono una pagina	Hotjar, FullStory
Tempo sulla Pagina	Quanto tempo gli utenti restano su una pagina	Google Analytics
Tasso di Conversione	Quanti utenti compiono un'azione (es. acquisto, iscrizione)	Google Optimize
Bounce Rate	Quanti utenti abbandonano una pagina senza interagire	Google Analytics
A/B Testing	Quale versione di una pagina funziona meglio	Google Optimize, VWO

Esercizio pratico: Analizza un sito con **Hotjar o Google Analytics**
e identifica le pagine con **alto bounce rate**. Progetta una modifica
UX per migliorare il coinvolgimento dell'utente.

Come scegliere i KPI giusti per ogni tipo di progetto

Tipo di Progetto	KPI UX chiave
E-commerce	Tasso di conversione, scroll depth, CTR su CTA
SaaS	Onboarding completion, NPS, churn rate
Blog o media	Tempo sulla pagina, bounce rate, scroll %
Form	Field completion, error rate, abandon rate

Pro tip: Scegli max 3-5 KPI alla volta per evitare confusione e misurare solo ciò che conta davvero.

Tool per Te

Hotjar: Per heatmap e registrazione sessioni utenti.

Google Optimize: Per testare diverse versioni di una pagina.

Dati Qualitativi: comprendere il comportamento utente

Tipo di Dato	Cosa misura?	Strumento
Session Recording	Registra la navigazione degli utenti	FullStory, Hotjar
Survey & Feedback	Raccoglie opinioni dirette dagli utenti	Typeform, Google Forms
Test di Usabilità	Osserva come gli utenti interagiscono con il sito	Lookback.io, UsabilityHub
Customer Satisfaction (CSAT)	Misura il livello di soddisfazione degli utenti	SurveyMonkey
Net Promoter Score (NPS)	Indica quanto gli utenti consiglierebbero il sito	Delighted, Qualtrics

Esercizio pratico: Crea un breve **sondaggio UX** con Typeform o Google Forms per raccogliere feedback sugli ostacoli incontrati dagli utenti. Analizza le risposte e suggerisci miglioramenti nel design.

Tool per Te:
SurveyMonkey Per raccogliere dati qualitativi sugli utenti.
Lookback.io Per osservare utenti in test di usabilità in tempo reale.

Creare un UX Dashboard con KPI chiari

Cos'è un UX Dashboard? Un **UX Dashboard** raccoglie **tutti i dati chiave** in un unico posto, permettendo ai team di **monitorare e migliorare continuamente la User Experience.**

Come creare un UX Dashboard efficace
1. **Definire gli obiettivi UX** Es. ridurre il tasso di abbandono del checkout.
2. **Scegliere i KPI più rilevanti** Es. Conversion Rate, Scroll Depth, NPS.
3. **Visualizzare i dati in modo chiaro** Grafici e metriche chiave visibili a colpo d'occhio.
4. **Aggiornare i dati in tempo reale** Usare tool che integrano automaticamente i report.
*Esempio reale: Un'azienda SaaS ha ridotto il churn del **20%** creando un UX Dashboard con dati su **onboarding e retention** e ottimizzando i punti critici.*

Esempio di Mini checklist per creare una dashboard efficace (scaricala dal qr-code)
Ho definito obiettivi UX chiari e misurabili?
Ho selezionato solo i KPI essenziali?
I dati sono aggiornati in tempo reale?
La dashboard è leggibile e visualmente chiara?
Tutti i membri del team possono accedervi e capirla?
Pro tip: Usa colori semplici e grafici chiari. Le dashboard UX devono essere progettate con le stesse regole della buona UI.

> **Esercizio pratico:** Usa **Google Data Studio** o **Mixpanel** per creare
> un UX Dashboard con almeno **3 KPI chiave**. Monitora i dati per **2
> settimane** e proponi miglioramenti UX basati sui risultati.

Tool per Te
Google Data Studio Per creare dashboard personalizzate.
Mixpanel Per tracciare eventi e interazioni degli utenti in modo
avanzato.

Esempi di UX Data-Driven: come i dati migliorano la UX

Caso reale: Come un e-commerce ha ottimizzato il checkout con i dati
Problema: Il **48% degli utenti** abbandonava il carrello prima del
pagamento.

Dati raccolti:
- Heatmap: Gli utenti ignoravano il pulsante "Procedi al pagamento".
- A/B Testing: Il checkout con **meno campi obbligatori** aveva un
tasso di completamento più alto.
- Session Recording: Gli utenti si bloccavano sulla richiesta del
numero di telefono.

Soluzione UX:
- Aggiunto un pulsante di checkout **più visibile e chiaro**.
- Ridotti i campi obbligatori nel modulo.
- Implementata una barra di progresso per ridurre l'ansia da
compilazione.
Risultato: +35% di completamento del checkout in **3 mesi**.

Esercizio pratico: Scegli una pagina web e identifica un problema UX basato su **heatmap o analytics**. Implementa una modifica e monitora i dati per **valutare l'impatto**.

Tool per Te

FullStory: Per registrare sessioni e analizzare il comportamento degli utenti.

VWO: Per eseguire A/B Testing avanzati sulle pagine web.

Consiglio Smart:

Anche il miglior dato UX va sempre affiancato all'ascolto dell'utente. I numeri ti guidano, ma le persone ti spiegano. Il miglior UX designer sa unire logica e intuizione, dati e umanità.

CAPITOLO 16 AI & UX DESIGN: COME L'INTELLIGENZA ARTIFICIALE STA TRASFORMANDO L'ESPERIENZA UTENTE

Obiettivo del capitolo: Comprendere come l'AI sta cambiando la UX e imparare a progettare esperienze che sfruttano il potere dell'intelligenza artificiale.

Perché l'Intelligenza Artificiale è cruciale per l'UX?

L'Intelligenza Artificiale (AI) sta rivoluzionando il mondo del design UX, offrendo **interazioni più personalizzate, esperienze dinamiche e automazione intelligente**. Le aziende stanno sempre più integrando AI per migliorare la customer experience e ottimizzare i processi di design.

Quando ha senso usare l'AI nell'UX?

Non tutte le interazioni necessitano di intelligenza artificiale. L'AI è utile quando:

Il dataset è ricco e può essere sfruttato per personalizzare.

C'è bisogno di automazione (es. chatbot, suggerimenti, supporto).

L'interfaccia richiede adattabilità in tempo reale.

L'obiettivo è ridurre i tempi di completamento o semplificare task ripetitivi.

✖ Non è utile inserire AI solo per "essere innovativi", senza un reale bisogno dell'utente.

*Esempio reale: Netflix utilizza algoritmi di **AI per personalizzare i suggerimenti** di film e serie TV, aumentando la retention degli utenti del **70%** rispetto a un catalogo statico.*

Le 5 aree in cui l'AI sta trasformando l'UX

Area	Descrizione	Esempio UX
Personalizzazione	L'AI analizza i dati utente per offrire esperienze su misura.	Amazon suggerisce prodotti basati su ricerche precedenti.
Chatbot & Assistenti Virtuali	L'AI gestisce conversazioni in tempo reale per supporto clienti.	Chatbot bancari che rispondono alle domande 24/7.
Interfacce Predittive	L'AI anticipa le esigenze degli utenti per semplificare l'interazione.	Gmail suggerisce risposte rapide nelle email.
Automazione del Design	L'AI genera layout e interfacce in modo intelligente.	Adobe Sensei automatizza il ritaglio delle immagini.
Analisi Comportamentale	L'AI monitora il comportamento degli utenti per ottimizzare le esperienze.	Google Analytics utilizza AI per identificare pattern nei dati.

Esercizio pratico: Analizza un'app o un sito che utilizza l'AI e identifica quali elementi migliorano l'UX. Progetta un'interazione AI-based per un sito o un'app esistente.

Tool per Te
Google Cloud AI: Per creare interfacce intelligenti.
IBM Watson: Per sviluppare chatbot e assistenti virtuali.

AI & UX: Come progettare esperienze basate sull'Intelligenza Artificiale

Quali sono le sfide del design per l'AI?
Evitare esperienze fredde e impersonali.
Garantire trasparenza e controllo agli utenti.
Assicurare l'accessibilità e la comprensione dell'AI.

Strategie per progettare un'interazione AI efficace

Prima di implemenatare di getto , puoi inziare a porti delle domande, come ad esempio, le 5 domande che ogni UX designer dovrebbe porsi prima di integrare l'AI:
1. Quale problema concreto risolvo con l'AI?
2. L'utente capirà che sta interagendo con un'intelligenza artificiale?
3. Cosa succede se l'AI sbaglia? Ho previsto un'alternativa umana o manuale?
4. L'utente può controllare, disattivare o modificare l'interazione AI?
5. Ho testato l'esperienza con utenti reali?

Poi Implemento i concetti chive:

Chiarezza negli intenti: Spiegare all'utente **come e perché** l'AI prende determinate decisioni.
Interfacce conversazionali: Rendere le interazioni con chatbot più naturali e fluide.
Adattabilità e apprendimento: L'AI deve evolversi con i feedback dell'utente.

Esempio reale: Spotify utilizza AI per creare playlist personalizzate basate sulle preferenze musicali, migliorando l'esperienza utente con suggerimenti mirati.

Esercizio pratico: Scrivi un breve flusso conversazionale per un chatbot di assistenza clienti. Crea un wireframe di un'interfaccia che usa AI per personalizzare l'esperienza utente.

Tool per Te

Dialogflow (Google): Per creare chatbot intelligenti.

Adobe XD + AI Plugin: Per testare design basati su AI.

AI-Driven UX Testing e Analisi Predittiva

Come l'AI sta rivoluzionando il testing UX?

L'AI permette di **automatizzare e velocizzare** i test di usabilità, riducendo il tempo necessario per raccogliere e analizzare dati sugli utenti.

Metodo AI-Driven	Descrizione	Strumento consigliato
Test automatizzati A/B	L'AI analizza più varianti di una pagina per determinare la migliore.	Google Optimize
Eye-tracking virtuale	Simula il movimento degli occhi per ottimizzare il layout.	Attention Insight
Analisi del Sentiment	L'AI analizza feedback testuali per capire emozioni degli utenti.	IBM Watson NLP

Esercizio pratico: Usa **Google Optimize** per testare due versioni di una homepage. Analizza i risultati e ottimizza il design basato sulle decisioni AI-driven.

Tool per Te
FullStory: Per analizzare il comportamento utente con AI.
VWO: Per eseguire test A/B automatizzati con AI.

Come l'AI Generativa sta Trasformando l'UX

Obiettivo della sezione: Esplorare come l'AI generativa può essere utilizzata nel design UX per migliorare l'interazione, personalizzare contenuti e ottimizzare le interfacce digitali.

Cos'è l'AI Generativa e perché è rilevante nell'UX? L'AI

Generativa utilizza algoritmi di deep learning per **creare contenuti autonomamente**, inclusi testi, immagini e persino interfacce utente. Strumenti come **ChatGPT, DALL-E e Midjourney** stanno ridefinendo il modo in cui i designer creano esperienze digitali, migliorando velocità, personalizzazione e iterazione.

*Esempio reale: Airbnb utilizza **AI generativa per creare descrizioni ottimizzate degli annunci**, riducendo il tempo necessario ai proprietari per scrivere testi accattivanti e migliorando la user experience.*

Come l'AI Generativa migliora il Design delle Interfacce

L'AI può essere utilizzata per:
Generare testi UX (Microcopy e UX Writing): ChatGPT può suggerire etichette di pulsanti, messaggi di errore e notifiche

personalizzate.

Creare immagini e layout automaticamente: DALL-E può generare immagini basate sulle esigenze del brand.

Personalizzare contenuti dinamicamente: L'AI può adattare l'esperienza utente in base ai dati di navigazione.

Ottimizzare i flussi UX con test A/B automatici: L'AI può analizzare in tempo reale quali versioni di interfaccia funzionano meglio.

Workflow AI+UX Designer: collaborazione ideale

Fase	Cosa fa il Designer	Cosa fa l'AI
Ricerca	Definisce obiettivi UX	Analizza dati utente
Sviluppo idea	Sceglie contenuti prioritari	Suggerisce varianti o pattern
Copy & UI	Scrive o supervisiona microcopy	Genera testo o immagini personalizzate
Test & iterazione	Analizza risultati e feedback	Ottimizza automaticamente flussi e contenuti

L'AI non sostituisce, ma potenzia il lavoro del designer con iterazioni più veloci e personalizzazioni più profonde.

Esempio UX: *Shopify utilizza AI per* ***suggerire automaticamente layout e design*** *per gli e-commerce, rendendo più semplice la creazione di negozi online per gli utenti meno esperti.*

Esercizio pratico: Usa ChatGPT per generare **testi UX personalizzati per un'interfaccia digitale**. Confronta il testo generato dall'AI con una versione scritta manualmente e analizza le differenze.

Tool per Te:

ChatGPT (OpenAI) :Per la generazione di microcopy UX.

DALL-E: Per creare immagini di interfaccia personalizzate.

Esempio pratico: Migliorare la personalizzazione UX con l'AI
Scenario: Un'app di e-learning vuole personalizzare l'esperienza
degli studenti in base ai loro progressi e interessi.

Soluzione UX basata su AI:
AI per la personalizzazione dei contenuti: L'algoritmo suggerisce
lezioni e materiali in base ai progressi dell'utente.
Chatbot intelligente per il supporto: ChatGPT viene integrato per
rispondere alle domande degli studenti e offrire aiuto in tempo reale.
Dashboard dinamica: L'AI adatta il layout della homepage in base
ai corsi seguiti di frequente.
Generazione automatica di quiz personalizzati: AI che crea
esercizi mirati per rafforzare le competenze dell'utente.

Risultato atteso: Gli utenti ricevono un'esperienza **su misura**,
aumentando l'engagement e la retention.

Esercizio pratico: Progetta un wireframe per un'app che utilizza AI
per personalizzare l'esperienza dell'utente. Crea un flusso
conversazionale per un chatbot che aiuti gli utenti a navigare nel
prodotto.

Tool per Te:
Figma: Per creare prototipi di interfacce personalizzate.
Rasa: Per sviluppare chatbot AI personalizzati.

I rischi dell'AI nell'UX e come evitarli

Quali sono i rischi di un'AI mal progettata?
Bias nei dati: Se l'AI è addestrata con dati sbilanciati, può generare
esperienze ingiuste.
Mancanza di controllo: Gli utenti devono poter intervenire sulle

decisioni dell'AI.

Eccessiva automazione: Un'UX completamente AI-driven può risultare disumanizzata.

AI etica e trasparente: regole d'oro

1. Dichiara sempre quando l'utente sta interagendo con un sistema AI.
2. Permetti all'utente di correggere o disattivare l'automazione.
3. Spiega in linguaggio semplice le decisioni AI critiche (es. un rifiuto, una raccomandazione).
4. Verifica il training set dell'AI: evita dati sbilanciati o storici potenzialmente discriminanti.
5. Progetta fallback umani: es. se il chatbot non capisce, offrire opzione "Parla con un operatore".

UX centrata sull'uomo significa anche progettare AI che non siano mai invasive, oscure o discriminanti.

Esempio reale: Amazon ha dovuto interrompere un'AI di selezione del personale perché penalizzava i curriculum femminili a causa di dati sbilanciati.

Esercizio pratico: Valuta un'app basata su AI e identifica **possibili bias o problemi etici**. Scrivi una soluzione per rendere l'AI più equa e accessibile.

Tool per Te
AI Fairness 360 (IBM): Per analizzare bias nei modelli AI.
Explainable AI (Google): Per rendere le decisioni AI più trasparenti.

CAPITOLO 17 UX DESIGN PER SITI WEB DI PMI ED E-COMMERCE

Obiettivo del capitolo: scoprire **strategie UX concrete** per migliorare siti web di PMI ed e-commerce.

L'importanza della UX per PMI ed e-commerce

Le **piccole e medie imprese (PMI)** e gli **e-commerce** spesso competono con brand più grandi e affermati.

Una UX ben progettata è **l'elemento chiave per distinguersi**, migliorando **conversioni, vendite e fidelizzazione clienti**.

Perché l'UX è fondamentale per PMI ed e-commerce?
- Gli utenti **decidono in 3 secondi** se rimanere su un sito o abbandonarlo.
- Il **tasso di conversione aumenta del 35%** con una navigazione ottimizzata.
- Il **69% degli utenti abbandona il carrello** a causa di un checkout complesso.

UX Design per Siti Web di PMI

I siti web delle PMI devono essere **semplici, chiari e diretti**, offrendo informazioni chiave subito visibili.

5 Elementi UX essenziali per un sito di PMI

Elemento	Descrizione	Esempio pratico
Homepage efficace	Chiarezza su chi sei e cosa fai	Un ristorante con immagini e un pulsante "Prenota ora"
Navigazione semplice	Menu con massimo 5-7 voci principali	Un'agenzia che usa un menu chiaro: "Servizi, Portfolio, Contatti"
Call-To-Action (CTA) visibili	Pulsanti chiari per le azioni importanti	"Richiedi un preventivo" ben evidenziato
Ottimizzazione mobile	Il sito deve funzionare perfettamente su smartphone	Test con Google Mobile-Friendly Test
Velocità di caricamento	Un sito veloce migliora SEO e UX	Compressione immagini, hosting performante

Esempio di Mini-Checklist per il sito vetrina di una PMI

Ricordo (I template e checklist scaricabili tramite qrcode)

Obiettivo UX	Domande da porsi
Chiarezza della proposta	L'utente capisce in 5 secondi cosa faccio?
Azione chiara	Il CTA guida verso l'obiettivo (contatto, preventivo)?
Mobile-first	Funziona bene da smartphone?
Fiducia e credibilità	Ci sono recensioni, contatti, dati legali visibili?
Velocità	Il sito si carica in meno di 3 secondi?

*Esempio reale: Un hotel ha migliorato la homepage aggiungendo una CTA chiara **"Prenota ora con sconto"** → ha aumentato le prenotazioni del 22%.*

Ottimizzare la Navigazione per PMI

Una navigazione chiara aumenta il tempo di permanenza del 30%.
Usa categorie intuitive (evita termini vaghi).
Massimo 3 clic per raggiungere ogni pagina importante.
Aggiungi una barra di ricerca se hai molte pagine.

*Esempio: Un commercialista ha semplificato il menu da 10 a 5 voci, eliminando nomi tecnici. Risultati: **+18% di richieste di consulenza.***

UX Design per E-commerce: Best Practice per Aumentare le Vendite

Gli e-commerce devono **ridurre il più possibile gli ostacoli all'acquisto**.

Lavorare sulla UX di un e-commerce significa migliorare l'intera customer journey, non solo l'interfaccia grafica. Parti da queste 3 domande fondamentali:

1. L'utente trova velocemente il prodotto che cerca?
2. Si fida abbastanza per acquistare?
3. Il processo d'acquisto è semplice e senza sorprese?

Se la risposta a una sola di queste domande è "no", hai già una priorità UX su cui intervenire.

I 5 principi UX fondamentali per un e-commerce:

Principio UX	Descrizione	Esempio pratico
Percorso d'acquisto chiaro	Minimi passaggi dal prodotto al pagamento	Amazon riduce il checkout a un solo passaggio
Immagini di alta qualità	Le immagini aumentano le conversioni del 50%	Zalando usa foto ad alta risoluzione e zoom
Descrizioni prodotto dettagliate	Informazioni chiare su vantaggi e specifiche	Apple dettaglia materiali e funzionalità
Checkout semplificato	Ridurre i campi del modulo di pagamento	Shopify consente il "Guest Checkout"
Testimonianze e recensioni	Prova sociale per aumentare la fiducia	Un brand di skincare mostra recensioni con foto utenti

Esempio reale: Un negozio di elettronica ha aggiunto **recensioni e valutazioni visibili sulle pagine prodotto** → aumento del **28% nelle vendite**.

Strutturare le Schede Prodotto per Massimizzare le Vendite

Una scheda prodotto efficace include:

✓ **Immagini ad alta qualità e video dimostrativi**.

✓ **Titolo chiaro e persuasivo** (es. "Sneakers running ultra-leggere - Comfort garantito").

✓ **Punti chiave in evidenza** (es. Materiali, Taglie disponibili, Benefici).

✓ **CTA chiara** ("Aggiungi al carrello" ben visibile).

✓ **Recensioni e rating utenti**.

Esempio di Microcopy & Messaggi UX che convertono
Un testo efficace può aumentare il tasso di conversione tanto quanto un design ben fatto.

Zona del sito	Microcopy UX consigliato
Bottone "Acquista"	"Ordina ora – Spedizione gratuita"
Pagina prodotto	"Scopri perché altri 1.200 clienti l'hanno scelto"
Form di checkout	"Ti chiediamo solo le info essenziali"
Empty Cart	"Il tuo carrello è vuoto. Torniamo a fare shopping?"

Esempio: *Un e-commerce di arredamento ha aggiunto* **video dimostrativi** *sulle pagine prodotto. Risultato: aumento del* **32% nelle conversioni**.

Come Ottimizzare il Checkout per Ridurre gli Abbandoni
Il 69% degli utenti abbandona il carrello. Perché?
- Checkout troppo lungo.
- Costi nascosti (spedizione, tasse).
- Mancanza di metodi di pagamento flessibili.

Soluzioni UX per un checkout efficace:
- **Guest Checkout** (acquisto senza registrazione).
- **Progress bar** per mostrare i passaggi rimanenti.
- **Metodi di pagamento multipli** (PayPal, Apple Pay, Klarna).
- **Riepilogo trasparente dei costi** prima del pagamento.

Esempio Progress Bar (può anche essere senza pulsanti)

*Esempio reale: Un brand di moda ha ridotto il checkout da 5 a 3 passaggi. Risultato: aumento del 25% **nelle vendite completate**.*

Testare e Ottimizzare la UX di un Sito PMI o E-commerce

Metodi UX per migliorare un sito già online:

Metodo	Descrizione	Strumento
Heatmap Tracking	Analizza dove gli utenti cliccano di più	Hotjar, Crazy Egg
A/B Testing	Confronta due versioni di una pagina	Google Optimize, VWO
User Testing	Osserva gli utenti in tempo reale	Lookback.io, Maze
Analisi del Funnel	Individua i punti critici dove gli utenti abbandonano	Google Analytics

*Esempio reale: Un e-commerce ha scoperto che gli utenti **non vedevano il pulsante "Aggiungi al Carrello" su mobile** → ha cambiato colore e posizione. Risultato: aumento del 30% **nelle vendite da mobile**.*

(Checklist UX per Siti Vetrina: 10 Elementi Fondamentali
Ricordati di effettuare il download dei template e delle checklist complete scansionando il QRCODE.)

Un sito vetrina è la **vetrina digitale** della tua azienda. Deve essere chiaro, professionale e guidare i visitatori verso l'azione desiderata (contatti, richieste, prenotazioni).

Ecco I **10 elementi UX irrinunciabili** per un sito efficace, con esempi pratici per PMI e freelance.

1. Homepage Chiara con Proposta di Valore Immediata
Cosa fare:

Scrivi un titolo che risponda alla domanda: *"Cosa fa la tua azienda?"* in meno di 5 secondi.

Aggiungi un sottotitolo con un beneficio concreto (es: *"Aiutiamo le PMI a raddoppiare le vendite online in 3 mesi"*).

Esempio pratico:

Prima:"Benvenuti su ABC Consulting"

Dopo:"Consulenza Marketing per PMI: +50% Fatturato in 6 Mesi"

Errore comune: Usare slogan vaghi come*"La qualità è la nostra passione"*.

2. Menu di Navigazione Semplice (Max 5 Voci)
Cosa fare:

Organizza le pagine in categorie intuitive: *Servizi, Chi Siamo, Contatti, Blog.*

Evita sottomenù complessi.

Esempio pratico:

Un ristorante ha ridotto le voci del menu da 7 a 4:

- Home

- Menù

- Prenotazioni

- Contatti

Risultato:*-20% di tasso di rimbalzo.*

Tool consigliato: Miro per mappare la struttura.

3. Velocità di Caricamento sotto i 3 Secondi
Cosa fare:

Comprimi immagini con TinyPNG.

Usa hosting performante (es: SiteGround, Kinsta).

Esempio pratico: Un'agenzia immobiliare ha ridotto il tempo di caricamento da 5s a 2s. Risultato: +35% di contatti.

Errore comune: Caricare video auto-riprodotti in homepage.

4. Design Mobile-Friendly
Cosa fare:
Testa il sito su dispositivi mobile con Google Mobile-Friendly Test. Assicurati che pulsanti e testi siano leggibili senza zoom.

Esempio pratico:
Un idraulico ha ottimizzato il sito per mobile:
Pulsante "Chiama ora" fisso in basso.
Testo minimo 16px.
***Risultato:** +50% chiamate da smartphone.*

5. CTA Evidenti e Persuasivi
Cosa fare:
Usa verbi d'azione:*"Richiedi preventivo", "Prenota consulenza gratuita".*
Posiziona i CTA in alto e in fondo alla pagina.

Esempio pratico:
Prima:"Contattaci" (grigio su grigio).
Dopo:"Ottieni un preventivo in 24h" (rosso su bianco, in alto a destra).

Errore comune: Nascondere il CTA nel footer.

6. Informazioni di Contatto in 1 Click
Cosa fare:
Inserisci numero di telefono, email e indirizzo in header/footer.
Aggiungi un pulsante "Chiama ora" per mobile.

Esempio pratico:
Uno studio legale ha aggiunto un pulsante WhatsApp in basso a
Destra. Risultato: +40% richieste.

7. Testimonianze Verificabili
Cosa fare:
Includi nome, cognome e foto del cliente (con permesso).
Meglio 3 testimonianze dettagliate che 10 generiche.

Esempio pratico:
"Grazie a XYZ, abbiamo aumentato le visite del 70% in 2 mesi".
Risultati: Mario Rossi, Titolare di "Mario Elettricista".

Errore comune: Usare testimonianze fake tipo *"Cliente*
Soddisfatto".

8. SEO di Base per Trovarti su Google
Cosa fare:
Titoli pagina unici (es: "Consulenza Marketing Milano | ABC
Agency").
Meta description accattivanti (max 160 caratteri).

Tool consigliato: SEOquake per analisi rapide.

9. Accessibilità per Tutti
Cosa fare:
Contrasto testo/sfondo $\geq 4.5:1$

Usa tag ALT per immagini (es: "Logo consulenza marketing Milano").

Esempio pratico: Un negozio di arredamento ha corretto il contrasto dei testi. Risultato: +15% tempo di permanenza.

10. Sicurezza e Privacy
Cosa fare:

Installa un certificato SSL (il lucchetto verde nel browser).

Aggiungi una pagina "Privacy Policy" conforme al GDPR.

Errore comune: Non aggiornare la policy dopo aver cambiato servizi.

Checklist Scaricabile per il Tuo Sito

Scarica la checklist in PDF 🔗 10 Elementi UX per Siti Vetrina *(Tramite QR code)*

Come usarla:

Fai un audit del tuo sito.

Segna ✓ gli elementi presenti.

Lavora sulle priorità con ✗

Caso Reale: Come una PMI ha Trasformato il Proprio Sito
Un'azienda di pulizie professionali ha seguito questa checklist:
Ha semplificato la homepage, aggiunto CTA rossi e ottimizzato il mobile.

Risultato in 3 mesi:
+200% contatti.
-30% bounce rate.

NOTA: In realtà l'azienda in questione ci ha affidato il resyle del sito e strategia seo, ads…

Perché funziona?
Ogni elemento è **misurabile** e basato su dati reali.
Gli esempi sono **applicabili a budget ridotti** (ideale per PMI).

La checklist rende il processo **concreto e non teorico**.

Esercizio pratico:
Analizza il Tuo Sito o E-commerce
Obiettivo: Scoprire problemi UX e migliorare il tuo sito.
Passaggi:
Apri il tuo sito e chiediti: Le informazioni sono subito chiare?
Controlla il checkout: È rapido e senza ostacoli?

Fai un test con almeno 3 persone:
 Chiedi loro di trovare un prodotto o servizio e osserva dove si bloccano.
Analizza il comportamento utente con Hotjar o Google Analytics.
Domanda chiave:
Il tuo sito guida l'utente verso l'azione desiderata senza difficoltà?

Consigli Smart

Semplifica il checkout: Meno passaggi = più vendite.

Mostra prezzi e costi subito: Evita sorprese che causano abbandoni.

Ottimizza la ricerca interna: Gli utenti che usano la barra di ricerca convertono di più.

Per le PMI: il sito deve essere chiaro, navigabile e ottimizzato per mobile.

Per gli e-commerce: checkout semplificato, immagini di alta qualità e recensioni migliorano le vendite.

Strumenti come Heatmap e A/B Testing aiutano a migliorare la UX in modo misurabile.

Il monitoraggio continuo e i test UX garantiscono miglioramenti costanti.

Esercizi pratici

Ottimizza la tua **scheda prodotto** seguendo le best practice.

Testa il tuo checkout e **rendi più chiaro ogni passaggio.**

Usa **Hotjar** per vedere dove gli utenti si bloccano.

CAPITOLO 18 UX DESIGN PER FREELANCE E PROFESSIONISTI: PORTFOLIO, LANDING PAGE, SERVIZI DIGITALI

Obiettivo del capitolo: scoprire le strategie UX più efficaci per ottimizzare **portfolio, landing page e siti di servizi digitali**.

Perché l'UX Design è essenziale per freelance e professionisti?

Se sei un **freelance, consulente o vendi servizi digitali**, il tuo sito web è il tuo **biglietto da visita digitale**.
Una buona UX aiuta a:
- **Attirare clienti giusti** con un design chiaro e professionale.
- **Creare fiducia** con un portfolio ben strutturato e testimonianze.
- **Aumentare le conversioni** con CTA efficaci e percorsi chiari.
- **Migliorare la SEO** con una struttura ottimizzata e tempi di caricamento veloci.

Esempio reale: Un designer UX ha ridotto le sezioni del suo portfolio da 10 a 5, concentrandosi solo sui progetti migliori.
Risultato: +40% di richieste di preventivo.

UX per Portfolio Online: Mostrare il tuo lavoro in modo efficace

Il tuo portfolio deve rispondere a 3 domande chiave:
1. **Chi sei?** Descrizione chiara e sintetica.
2. **Cosa fai?** Mostra i tuoi migliori lavori con dettagli.
3. **Come contattarti?** CTA evidenti per richieste o preventivi.

Struttura ottimale di un Portfolio UX

Sezione	Descrizione	Best practice
Hero Section	Nome, specializzazione e una frase d'impatto	"Aiuto le aziende a migliorare la UX e aumentare le conversioni"
Chi sono	Breve presentazione con esperienze chiave	Max 3-4 frasi, con foto professionale
Portfolio lavori	Selezione di 4-6 progetti migliori	Usa immagini, descrizioni brevi e risultati misurabili
Testimonianze	Feedback di clienti precedenti	Mostra nomi reali e aziende per maggiore credibilità
Call-To-Action	Contatti, richieste di preventivo o booking	"Prenota una consulenza gratuita" o "Scrivimi su WhatsApp"

UX Writing per Portfolio: il tono che converte
Oltre al design, il linguaggio giusto fa la differenza.

Sezione	Testo generico	UX Writing migliorato
Hero	"Ciao, sono un web designer"	"Progetto esperienze digitali che trasformano visitatori in clienti"
Progetti	"Progetto di branding"	"Naming + logo per startup green. Risultato: +300% awareness"
CTA	"Contattami"	"Prenota una call gratuita con me"

Consiglio: Usa verbi d'azione, numeri e risultati. Trasforma ogni testo in una mini-promessa.

Esempio: Un fotografo ha reso il suo portfolio più interattivo con una sezione "Prima e Dopo" delle sue foto → **+30% di richieste di shooting**.

Migliorare la Navigazione nel Portfolio

Una navigazione chiara aumenta il tempo di permanenza del 35%.
Usa **categorie facili da esplorare** ("Branding", "Web Design", "E-commerce").
Riduci al minimo i clic per vedere i lavori → **"One-click preview"**.
Ottimizza per mobile, il 70% degli utenti naviga da smartphone.

Esempio: Un illustratore ha reso il suo portfolio **navigabile con uno scroll continuo** invece di aprire ogni lavoro in una nuova pagina → **+25% di engagement**.

UX Design per Landing Page: Trasformare visitatori in clienti

Cos'è una Landing Page? È una pagina progettata per **convertire visitatori in clienti** con un messaggio chiaro e una CTA forte.

Struttura di una landing page efficace:

Sezione	Obiettivo	Best practice
Titolo chiaro	Catturare subito l'attenzione	"Aumento le vendite con UX Design: ecco come"
Sottotitolo	Dare più contesto	"Strategie UX collaudate per

Sezione	Obiettivo	Best practice
		migliorare il tuo sito e-commerce"
Benefici chiave	Spiegare perché scegliere te	Elenca 3-4 punti forti, con icone visive
Testimonianze	Prova sociale per aumentare fiducia	Mostra clienti soddisfatti con nomi e foto
Call-To-Action (CTA)	Indurre all'azione	"Prenota una consulenza gratuita oggi"

Tipi di Landing Page e quando usarle

Tipo di landing	Obiettivo	Quando usarla
Lead generation	Acquisire contatti (email, call)	Se vendi consulenze o servizi ricorrenti
Vendita diretta	Promuovere un pacchetto o corso	Per offerte a tempo o promozioni
Portfolio page	Mostrare lavori e prenotazioni	Per chi offre servizi creativi

Pro tip: Ogni landing deve avere una sola azione chiave. Evita menu complessi o link esterni che distraggono.

Esempio reale:
*Un consulente SEO ha testato **due versioni della sua landing page**:*
***Versione A:** Lunga e dettagliata.*
***Versione B:** Concisa con solo i benefici principali.*
La Versione B ha generato il 27% in più di conversioni.

Migliorare le CTA (Call-To-Action) per Aumentare Conversioni

Le CTA efficaci sono:
Visibili e chiare (usa colori accesi e posizioni strategiche).
Specifiche e persuasive ("Prenota la tua consulenza gratuita" anziché "Contattami").
Ripetute più volte nella pagina per mantenere l'attenzione.

*Esempio: Un coach ha cambiato la sua CTA da "Scopri di più" a "Prenota ora la tua sessione gratuita" **+32% di conversioni**.*

UX per Siti di Servizi Digitali: Come Vendere Online con una UX Efficace

Elementi essenziali per un sito di servizi digitali:
Chiaro posizionamento: Devi comunicare subito **cosa fai e per chi**.
Prezzi e pacchetti chiari: Se possibile, mostra tariffe o range di prezzo.
Facilità di contatto: WhatsApp, Calendly o form semplici.
Contenuti di valore: Blog, video o casi studio per dimostrare la tua esperienza.

*Esempio reale: Un copywriter ha aggiunto un **calendario Calendly** per prenotare call senza scambi di email → **+50% di richieste di consulenza**.*

Testare e Ottimizzare la UX del tuo Portfolio o Landing Page
Metodi UX per migliorare un sito freelance o di servizi:

Metodo	Descrizione	Strumento
Heatmap Tracking	Scopri dove gli utenti cliccano di più	Hotjar, Crazy Egg
A/B Testing	Confronta due versioni di una pagina	Google Optimize, VWO
Test di usabilità	Osserva come utenti	Lookback.io, Maze

Metodo	Descrizione	Strumento
remoti	navigano il tuo sito	
Google PageSpeed	Controlla la velocità di caricamento	Google PageSpeed Insights

5 KPI da monitorare per siti di freelance e servizi

KPI	Perché è importante	Dove vederlo
Conversion Rate	Quanti utenti compilano il form	Google Analytics / CRM
Click su CTA	Se il bottone funziona davvero	Hotjar
Scroll depth sulla homepage	Se il messaggio viene letto	Crazy Egg
Bounce Rate	Se la pagina è poco coinvolgente	GA4
Tempo medio su progetto	Se i case study sono interessanti	Hotjar / GA4

Esempio reale: Un freelance ha scoperto che **gli utenti non notavano il pulsante "Contattami"**, ha cambiato colore e posizione Risultato:**+40% di richieste di preventivo.**

Esercizio pratico: Analizza il tuo Sito, Portfolio o Landing Page Obiettivo: Ottimizzare il tuo sito per massimizzare le conversioni.
Passaggi:
Controlla la chiarezza del messaggio → L'utente capisce subito cosa fai? **Analizza le CTA** → Sono chiare e visibili? **Fai un test con un utente reale.** Chiedi a qualcuno di navigare il sito e dirti cosa migliorare. **Usa Hotjar o Google Analytics** per verificare il comportamento degli utenti.
Domanda chiave: Il tuo sito guida l'utente all'azione desiderata senza difficoltà?

Consigli Smart

Mostra, non dire → Un buon portfolio UX deve contenere studi di caso con risultati misurabili.

Call-to-action chiare → "Prenota una consulenza" è meglio di "Contattami".

Mobile first → La maggior parte dei clienti naviga da smartphone.

Portfolio UX ottimizzato → Mostra solo i migliori lavori con chiarezza.

Landing Page efficace: Struttura chiara, CTA forti e prova sociale.

Siti di servizi digitali: Messaggi chiari, prezzi trasparenti e contatti facili.

Test e ottimizzazioni costanti: Heatmap, A/B Testing e analisi comportamentale.

Esercizi pratici

Ottimizza il tuo **portfolio** eliminando sezioni inutili.

Sperimenta diverse **CTA** e misurane le performance.

Usa **Google PageSpeed** per migliorare la velocità del sito

CAPITOLO 19 UX DESIGN E MARKETING DIGITALE: OTTIMIZZARE LA USER JOURNEY PER LE CONVERSIONI

Obiettivo del capitolo: imparare a **ottimizzare la User Journey** per ottenere più conversioni dalle campagne di marketing.

Perché UX e Marketing Digitale devono lavorare insieme?

L'**User Experience (UX)** e il **Marketing Digitale** non sono due mondi separati: un buon design UX aiuta a **migliorare le performance delle strategie di marketing**, aumentando le conversioni e il ritorno sull'investimento (ROI).

Perché l'UX Design è essenziale per il Marketing?

- **Riduce il tasso di rimbalzo**: Gli utenti rimangono più tempo sul sito.
- **Aumenta le conversion**: Un percorso d'acquisto fluido incentiva gli acquisti.
- **Migliora la SEO**: Google premia i siti con una buona UX.
- **Ottimizza le Ads**: Una landing page ben progettata migliora il

tasso di conversione degli annunci.

Esempi di KPI condivisi tra UX e Marketing
Per far collaborare UX e marketing, serve parlare la stessa lingua:
quella dei numeri.

KPI	Chi lo usa	Cosa indica
Bounce Rate	Marketing & UX	Pagina non coinvolgente
Conversion Rate	Marketing & UX	Efficacia del funnel / design
Tempo sulla pagina	UX	Interesse e leggibilità
Click-through Rate (CTR)	Marketing	Attrattività delle CTA
Scroll Depth	UX	Interesse reale nei contenuti lunghi

Un team efficace confronta questi dati e agisce insieme.

Esempio reale: Un e-commerce ha ridisegnato la sua landing page per le campagne Google Ads, riducendo il numero di elementi e semplificando la CTA. Risultato: +38% di conversioni con lo stesso budget pubblicitario.

La User Journey: Creare un Percorso di Conversione Ottimizzato

Cos'è la User Journey?
La User Journey è il **percorso che un utente compie** dal primo contatto con un brand fino alla conversione finale (acquisto, iscrizione, prenotazione, ecc.).

Le 5 Fasi della User Journey

Fase	Obiettivo	Esempio pratico
Consapevolezza	L'utente scopre il brand	Vede un post sui social o un annuncio Google Ads
Interesse	L'utente esplora il sito o blog	Legge un articolo o visita una landing page
Considerazione	Valuta il prodotto o servizio	Guarda recensioni, confronta prezzi, scarica un ebook
Decisione	L'utente compie un'azione	Acquisto, richiesta di preventivo, iscrizione
Fidelizzazione	L'utente diventa un cliente abituale	Email marketing, offerte personalizzate, retargeting

*Esempio reale: Un SaaS (Software as a Service) ha ottimizzato la sua User Journey con **un funnel di email personalizzato**, migliorando la conversione del **32%** tra la fase di Considerazione e Decisione.*

Nota: esistono anche modelli alternativi della User Journey, come il funnel Awareness → Consideration → Conversion → Loyalty → Advocacy, più utilizzato nel marketing digitale.

In questo libro abbiamo adottato un modello UX centrato sull'esperienza e le decisioni dell'utente nel suo percorso.

The Customer Journey

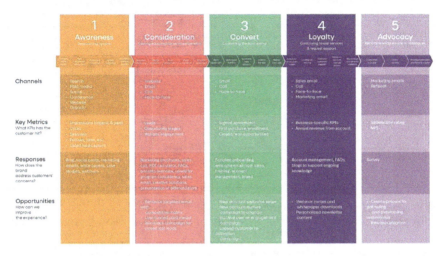

Troverai anche questo template con un piccolo ebook dopo scansionato il Qrcode.

Entrambi i modelli descrivono il percorso dell'utente, ma da prospettive leggermente diverse. Il modello UX si concentra sull'esperienza e sulle esigenze dell'utente lungo il percorso, mentre il funnel marketing pone l'accento sulle azioni strategiche per guidare il cliente verso la conversione e oltre, fino al passaparola.

Entrambi sono utili e possono essere integrati nella progettazione di esperienze digitali efficaci.

Esempio Breve di UX Mapping: visualizzare e correggere il funnel: *Crea una **mappa visiva** del funnel UX per capire dove migliorare.*

Fase	Pagine / Touchpoint	Possibili criticità	Azioni UX suggerite
Consapevolezza	Social, Ads, SEO	Bounce alto sulla landing	Titolo poco chiaro, caricamento lento

Fase	Pagine / Touchpoint	Possibili criticità	Azioni UX suggerite
Interesse	Blog, homepage	Scroll basso, CTR bassi	CTA poco visibili, troppi elementi
Considerazione	Pagina servizi/prodotti	Nessuna fiducia (niente recensioni)	Aggiungi testimonianze, rassicurazioni
Decisione	Checkout, form contatto	Form lunghi, info non chiare	Riduci campi, inserisci progress bar
Fidelizzazione	Email, offerte post-acquisto	Nessuna azione dopo il primo acquisto	Automazioni, sondaggi, contenuti mirati

UX e SEO: Ottimizzare l'Esperienza Utente per il Posizionamento

Come la UX influisce sulla SEO?
Google utilizza **metriche UX** per valutare la qualità di un sito.
Fattori UX che migliorano la SEO:
1. **Velocità di caricamento** Un sito lento ha un ranking peggiore.
2. **Mobile-friendly** Google premia i siti ottimizzati per smartphone.
3. **Tempo di permanenza** Contenuti coinvolgenti riducono il bounce rate.
4. **Navigazione intuitiva** Un buon design aiuta gli utenti a trovare informazioni rapidamente.

*Esempio reale: Un blog ha ridotto il tempo di caricamento da **4 a 2** **secondi**, migliorando il ranking SEO e aumentando il traffico organico del **25%**.*

Micro UX e Microconversioni: piccoli dettagli che fanno la differenza

Le "microconversioni" sono azioni secondarie che preparano alla conversione finale.
Esempi:
Scorrere l'80% della pagina
Guardare un video informativo
Cliccare su "Leggi di più"
Iniziare a compilare un form

Tracciare e migliorare queste azioni aumenta le probabilità di conversione finale.

Strumenti utili per UX & SEO

Strumento	Funzione
Google PageSpeed Insights	Analizza e migliora la velocità del sito
GTmetrix	Testa le performance e suggerisce miglioramenti
Google Search Console	Identifica problemi SEO legati alla UX
Hotjar	Analizza il comportamento degli utenti con heatmap

UX per il Funnel di Conversione: Ottimizzare le Landing Page

Perché la UX è fondamentale per il Funnel di Conversione?
- Un design chiaro aiuta gli utenti a capire subito l'offerta.
- Una CTA ben posizionata incentiva l'azione.
- Un checkout semplificato riduce l'abbandono.

Come ottimizzare le Landing Page per il Marketing?
Titolo chiaro e immediate: L'utente deve capire subito il valore dell'offerta.
CTA visibile e diretta: Evita pulsanti generici come "Clicca qui".
Zero distrazioni: Niente menu complessi o link inutili.
Prova sociale: Testimonianze e recensioni migliorano la fiducia.

*Esempio reale: Un webinar ha aumentato le iscrizioni del **45%** semplicemente spostando la CTA in alto nella pagina e aggiungendo un **conto alla rovescia per creare urgenza**.*

Strumenti per testare le Landing Page

Strumento	Funzione
Google Optimize	A/B Testing per confrontare diverse versioni di una pagina
Unbounce	Creazione di landing page ottimizzate per conversioni
Crazy Egg	Heatmap per analizzare il comportamento degli utenti

Retargeting e UX: Convertire gli Utenti che Non Hanno Convertito

Cosa fare con gli utenti che non convertono subito?
Retargeting con Ads: Mostrare annunci personalizzati agli utenti che hanno visitato il sito ma non hanno completato l'azione.
Email follow-up: Se un utente ha lasciato il checkout, invia un promemoria con un incentivo (es. sconto 10%).
Exit-intent pop-up: Se un utente sta per lasciare la pagina, offri un contenuto o un'offerta speciale.

*Esempio reale: Un e-commerce ha recuperato il **18% dei carrelli abbandonati** inviando email con un codice sconto dopo 24 ore.*

Puoi anche effettuare user Journey personalizzate: UX su misura per i segmenti

Non tutti gli utenti devono vedere la stessa pagina. Ecco come personalizzare l'UX in base al pubblico:

Segmento	Messaggio UX su misura
Nuovi utenti	"Scopri cosa possiamo fare per te"
Utenti che hanno abbandonato il carrello	"Hai dimenticato qualcosa? Ecco uno sconto"
Visitatori da mobile	CTA "Chiama ora" o "Scrivici su WhatsApp"
Utenti abituali	"Bentornato! Novità solo per te"

Strumenti come Google Optimize o Unbounce consentono test e contenuti dinamici per target specifici.

Esercizio pratico:
Ottimizza il tuo Funnel di Conversione
Obiettivo:
Analizzare la User Journey e migliorare i punti critici.
Passaggi:

Mappa la User Journey del tuo sito o e-commerce.
Identifica i punti critici dove gli utenti abbandonano.

Ottimizza la landing page e le CTA per migliorare il tasso di conversione.
Testa le modifiche con A/B Testing e heatmap.

Domanda chiave:
Il percorso dell'utente è chiaro e senza ostacoli fino alla conversione?

Consigli smart

UX Conversioni: Un sito usabile migliora il ROI delle campagne pubblicitarie.

Non mandare traffico su pagine scadenti: Ottimizza prima le landing page.

Il primo impatto conta :Gli utenti decidono in 3 secondi se restare o meno.

UX e Marketing devono lavorare insieme per migliorare conversioni e ROI.

Ottimizzare la User Journey aiuta a guidare gli utenti fino alla conversione.

SEO e UX sono collegate: velocità, mobile-friendly e navigazione influenzano il ranking.

Landing page ottimizzate riducono il tasso di rimbalzo e migliorano le performance pubblicitarie.

Retargeting e UX aiutano a recuperare utenti che non hanno convertito subito.

Esercizi pratici

Analizza il **funnel di conversione** e identifica dove gli utenti abbandonano.

Ottimizza la tua landing page seguendo le best practice UX.

Fai un A/B Test su un elemento chiave del sito (titolo, CTA, immagini).

CAPITOLO 20 TENDENZE FUTURE DELL'UX DESIGN E STRUMENTI AVANZATI

Obiettivo del capitolo: esplorare le **tendenze emergenti** e gli strumenti avanzati per restare competitivi nel settore.

L'evoluzione dell'UX Design: dal Web 2.0 al Web 3.0

L'UX Design non è statico: si evolve con la tecnologia e le esigenze degli utenti. Negli ultimi anni, abbiamo assistito a:
Passaggio dal Web 2.0 al Web 3.0 → maggiore personalizzazione e interazione.
Crescita delle esperienze omnicanale → UX su mobile, desktop, smartwatch e realtà virtuale.
Aumento dell'uso dell'Intelligenza Artificiale (AI) per personalizzare l'esperienza utente.

Domanda chiave: Come sarà l'UX Design nei prossimi anni?
Cosa cercano oggi (e domani) gli utenti?

1. Esperienze fluide e senza attriti: zero click thinking, checkout 1-click, accesso immediato.
2. Contenuti personalizzati: prodotti, testi, email e flussi adattivi.
3. Assistenza immediata e smart: chatbot evoluti, AI contestuale,

help guidato.

4. Navigazione omnicanale: da desktop a mobile, da social a sito, da email a WhatsApp.

5. Empatia e umanità digitale: tono amichevole, microcopy empatici, accessibilità per tutti.

L'UX del futuro sarà invisibile, naturale e al servizio dell'intenzione dell'utente.

Le 6 Tendenze Chiave del Futuro dell'UX Design

Intelligenza Artificiale (AI) e UX Personalizzata

L'**AI UX** migliora l'esperienza utente con: **Chatbot intelligenti** per assistenza clienti.

Personalizzazione dinamica del contenuto in base al comportamento dell'utente.

Interfacce predittive che suggeriscono azioni prima ancora che l'utente le cerchi.

*Esempio reale: Netflix utilizza **AI e UX predittiva** per suggerire contenuti basati sui gusti degli utenti, migliorando l'engagement del 30%.*

Strumenti utili per UX e AI:

ChatGPT API per chatbot avanzati.

Google AutoML per analizzare il comportamento utente.

Segment per personalizzazione avanzata dei contenuti.

UX per la Realtà Aumentata (AR) e Virtuale (VR)

L'AR e la VR stanno trasformando il modo in cui gli utenti interagiscono con i prodotti.

E-commerce AR: Prova virtuale di prodotti (es. occhiali, vestiti, mobili).

UX in VR: Interfacce immersive per esperienze più coinvolgenti.
Tour virtuali per immobili, musei, negozi e hotel.

*Esempio reale: IKEA ha lanciato **IKEA Place**, un'app che usa l'AR per visualizzare i mobili in casa prima dell'acquisto: **+20% di conversioni**.*

Strumenti per AR/VR UX:
Adobe Aero → Creazione di esperienze AR.
WebXR API → Sviluppo esperienze VR su browser.
Unity + UX Toolkit → Progettazione interfacce immersive.

UX e Voice Interaction (VUI - Voice User Interface)
Gli assistenti vocali stanno cambiando il modo in cui gli utenti interagiscono con il digitale.
UX per **Alexa, Google Assistant, Siri**.
Ottimizzazione per **ricerche vocali** e navigazione senza schermo.
Design conversazionale per chatbot vocali e assistenti virtuali.

Micro UX per Voice: progettare risposte, non solo comandi.

UX vocale non significa solo "dare comandi", ma guidare il dialogo:

Situazione	Buona risposta vocale UX
Richiesta incompleta	"Potresti specificare il tipo di servizio?"
Comando errato	"Non ho capito. Vuoi che ti aiuti con un esempio?"
Conferma	"Perfetto, ho aggiunto la tua prenotazione per lunedì"

Voice UX deve essere naturale, rassicurante, e pronta all'imprevisto.

*Esempio reale: Domino's Pizza ha sviluppato **un sistema di ordini*** *tramite assistente vocale*, riducendo il tempo di ordinazione del *40%*.

Strumentl per UX Vocale:
Amazon Alexa Skills Kit per sviluppare interazioni vocali.
Google Dialogflow per creare chatbot vocali.
Speechly per aggiungere controlli vocali alle app.

UX Inclusiva e Accessibilità (A11Y - Accessibility UX)

Un'esperienza accessibile è un'esperienza migliore per tutti.
Colori ad alto contrasto per persone con problemi visivi.
Navigazione solo con tastiera per utenti con disabilità motorie.
UX con assistenza vocale per non vedenti.

*Esempio reale: Un sito governativo ha migliorato l'accessibilità secondo le **WCAG 2.1**, riducendo il bounce rate del **50%** tra gli utenti con disabilità.*

Strumenti per UX Accessibile:
WAVE: Test di accessibilità web.
Axe DevTools: Analisi accessibilità su siti live.
Color Oracle: Simulatore di daltonismo per testare combinazioni di colori.

Microinterazioni e UX Emotiva
Le microinterazioni migliorano l'engagement dell'utente con dettagli animati e feedback visivi.

Pulsanti animati che reagiscono al passaggio del mouse.
Effetti di transizione per rendere il flusso più fluido.
Messaggi di conferma con micro-animazioni.

Le emozioni guidano le decisioni. Una UX efficace non parla solo alla logica, ma anche all'inconscio.

Esempi di trigger emotivi nel design:
Colori caldi = fiducia / energia
Animazioni fluide = sicurezza / controllo
Testi con tono umano = empatia / connessione

Il futuro della UX sarà anche "neuro-design": coinvolgere prima il cervello emotivo, poi quello razionale.

*Esempio reale: Facebook ha introdotto le **reazioni animate ai post**, aumentando l'interazione del **16%**.*

Strumenti per Microinterazioni:
LottieFiles per animazioni leggere e scalabili.
Framer Motion per microinterazioni in React.
Principle per prototipazione animata.

UX Data-Driven: Ottimizzare le Decisioni UX con i Dati
Un buon design non è solo estetico, ma basato sui dati.
Analisi del comportamento utente con heatmap e session recording.
A/B Testing continuo per ottimizzare conversioni.
UX Research basata su feedback reali e dati analitici.

*Esempio reale: Un e-commerce ha ottimizzato il checkout con A/B Testing, riducendo gli abbandoni del **18%**.*

Strumenti per UX Data-Driven:
Hotjar per heatmap e session recording.
Google Optimize per A/B Testing.

FullStory per analisi avanzata dell'esperienza utente.

Esercizio pratico: Implementare una tendenza UX nel tuo progetto

Obiettivo: Sperimentare una delle nuove tendenze UX sul tuo sito o app.

Passaggi:

Scegli una tendenza UX tra quelle descritte.

Analizza come potrebbe migliorare l'esperienza utente nel tuo progetto.

Sviluppa un prototipo o implementa una funzione basata su quella tendenza.

Misura l'impatto con test e analisi dei dati.

Domanda chiave: Come questa innovazione migliora il percorso dell'utente?

Consigli Smart

L'AI personalizzerà l'esperienza: Prepara il tuo sito per esperienze dinamiche e predittive.

UX vocale in crescita: Ottimizza per ricerche vocali e assistenti digitali.

L'AR migliorerà lo shopping online: Prevedi esperienze immersive per il futuro.

L'UX Design è in continua evoluzione con nuove tecnologie emergenti.

AI, AR/VR, VUI, Accessibilità e Microinterazioni sono tendenze chiave per il futuro.

Strumenti avanzati aiutano a testare e ottimizzare la UX.

Un design basato sui dati garantisce scelte UX più efficacy

CAPITOLO 21 DIVENTARE UN ESPERTO DI UX DESIGN (E APPLICARLO AL TUO BUSINESS)

Obiettivo del capitolo: capire come diventare esperti di UX e applicare queste competenze nel proprio business.

Perché specializzarsi in UX Design?

L'UX Design è una delle competenze **più richieste** nel settore digitale. Ogni sito web, app o servizio digitale ha bisogno di un'esperienza utente ottimizzata. Diventare esperti di UX significa **aumentare il valore del proprio lavoro**, sia che tu sia un:
Freelanc: Puoi offrire UX Design ai tuoi clienti e aumentare il valore dei tuoi servizi.
Imprenditore: Puoi migliorare il tuo sito/e-commerce e aumentare le conversioni.
Web Designer o Marketer: L'UX migliora l'efficacia delle campagne e l'engagement degli utenti.

Come capire se la UX fa per te?

Se ti ritrovi in almeno 3 di queste frasi, la UX potrebbe essere il tuo futuro:

- Ti piace capire il comportamento delle persone online.
- Ti appassiona creare esperienze semplici e belle da usare.
- Vuoi vedere risultati concreti dalle tue idee.
- Ti interessa il digitale, ma non sei solo uno "smanettone".
- Vuoi unire creatività, analisi e strategia.

La UX è un ponte tra l'utente e il successo di un progetto.

*Esempio reale: Un'agenzia di marketing ha integrato l'UX Design nei suoi servizi e ha **aumentato il valore medio dei contratti del 40%** grazie a siti più performanti.*

Il percorso per diventare un esperto di UX Design

Le 5 fasi per costruire una carriera o un business basato sulla UX:

Fase	Obiettivo	Esempio pratico
Studiare le basi	Conoscere i principi fondamentali della UX	Leggere libri, seguire corsi, studiare casi studio
Praticare con progetti reali	Applicare la teoria su casi concreti	Creare wireframe, testare prototipi, analizzare UX di siti reali
Costruire un portfolio UX	Dimostrare le proprie competenze con progetti	Mostrare redesign, studi di caso e test utente
Rimanere aggiornati	Seguire le nuove tendenze UX	Studiare AI, AR/VR, Voice UX, microinterazioni
Applicare la UX al business	Migliorare il proprio brand o offrire servizi UX	Ottimizzare il proprio sito, creare landing page performanti

Esempio reale: Un freelance ha iniziato con piccoli progetti UX, poi ha costruito un **portfolio online**, ottenendo il suo primo cliente a pagamento nel giro di **3 mesi**.

Esempio di Roadmap Visuale per diventare UX Designer (anche part-time)

Settimana	Obiettivo	Azione
1-2	Basi teoriche	Corso base, lettura libri UX
3-4	Primo progetto test	Redesign di una landing page personale
5-6	Test utente base	Chiedi feedback a 3 utenti reali
7-8	Portfolio minimo	Crea un PDF o sito con il tuo progetto
9-10	Posizionamento online	LinkedIn, Behance, sito personale
11-12	Primo cliente o collaborazione	Proporsi a startup o freelance network

Anche 1-2 ore al giorno possono bastare per partire.

Strumenti essenziali per un UX Designer professionista

I migliori strumenti per lavorare nel campo dell'UX Design
Wireframing & Prototyping
Figma: Per creare wireframe e prototipi interattivi.
Adobe XD: Alternativa professionale con ottime integrazioni.
Balsamiq: Ideale per wireframe a bassa fedeltà.

Test e Analisi UX
Hotjar: Heatmap e registrazione delle sessioni utente.
Google Optimize: A/B Testing per migliorare le conversioni.
Lookback.io: User testing remoto e raccolta feedback.

Ricerca e Accessibilità

Optimal Workshop: Per test di navigazione e card sorting.

WAVE: Controllo dell'accessibilità del sito.

Google Analytics: Analisi del comportamento degli utenti.

*Esempio reale: Un'agenzia ha iniziato a usare **Figma per prototipi interattivi**, riducendo del **50% i tempi di sviluppo** e migliorando la collaborazione con i clienti.*

Come applicare l'UX al proprio business (anche se non sei un designer)

Anche se non sei un UX Designer di professione, puoi usare i principi UX per migliorare il tuo business.

Strategie UX per diversi settori

Settore	Come applicare la UX	Beneficio
E-commerce	Ottimizzare il checkout, migliorare le schede prodotto	Aumento delle vendite
Blog & Content Marketing	Strutturare gli articoli con una UX chiara e leggibile	Più tempo di permanenza
Freelance & Portfolio	Creare una navigazione intuitiva e una CTA efficace	Maggiori richieste di contatto
Landing Page & Lead Generation	Testare diverse versioni di pagina con A/B Testing	Aumento conversioni
Local Business	Rendere facile trovare informazioni e contatti	Più prenotazioni e richieste

Esempio reale: Un consulente ha riorganizzato il suo sito con una navigazione più chiara e ha aggiunto una **CTA più evidente** → **+30% di richieste di consulenza.**

Esempio di Mini-template per audit UX di base (anche se non sei

designer)

Domanda	Sì / No	Azione da fare
Il mio sito si capisce in 5 secondi?		Riscrivi headline o frase chiave
La CTA è visibile subito?		Sposta, colora, rendi più esplicita
Il sito funziona bene da smartphone?		Fai test su 3 dispositivi diversi
Il caricamento è sotto i 3s?		Comprimi immagini, usa PageSpeed Insights
Il percorso dell'utente è chiaro?		Riduci step, semplifica la navigazione

Monetizzare le competenze UX: Opportunità di carriera e business

Se vuoi guadagnare con l'UX Design, ecco alcune opzioni:
Freelance UX Designer → Offri servizi di ricerca UX, wireframing e testing.
Consulente UX per aziende → Aiuta le PMI a migliorare l'esperienza utente del loro sito.
UX per il Marketing → Ottimizza funnel di conversione e landing page per le Ads.
Creare corsi e contenuti UX → Condividi la tua esperienza con ebook, webinar o corsi online.
UX per e-commerce → Specializzati in UX per negozi online e ottimizza conversioni.

Esempio reale: Un UX Designer ha creato **un corso online** su come migliorare la UX di un e-commerce → ha venduto oltre **500 copie in un anno**.

Esercizio pratico: Creare un piano d'azione per applicare l'UX al tuo business

Obiettivo: Definire un piano per integrare l'UX nel tuo lavoro o nella tua azienda.

Passaggi:

Identifica un'area del tuo business o sito che necessita di miglioramenti UX.

Fai un'analisi UX di base (heatmap, test utente, dati di navigazione).

Applica un cambiamento UX (es. miglioramento della CTA, ottimizzazione mobile, nuovo layout).

Monitora i risultati e ottimizza continuamente.

Domanda chiave: Quale miglioramento UX potrebbe avere il maggiore impatto sul mio business?

Consigli Smart

Studia sempre → L'UX cambia in fretta, segui corsi e community.

Costruisci un portfolio solido → Mostra risultati concreti per attirare clienti e offerte di lavoro.

Monetizza la tua esperienza → Consulenze, corsi, e-book: la UX ha mercato!

Diventare esperti di UX richiede studio, pratica e aggiornamento continuo.

Strumenti UX essenziali aiutano a testare e migliorare siti web e app.

Applicare la UX al business migliora le conversioni e l'esperienza utente.

Esistono molte opportunità per monetizzare le competenze UX, dal freelancing alla formazione.

Il mindset UX che ti distingue

Essere UX Designer oggi non vuol dire solo fare design, ma:

Saper ascoltare gli utenti e i clienti.

Saper testare e non solo indovinare.

Saper comunicare soluzioni che migliorano davvero i risultati.

Saper unire strategia, tecnologia e umanità.

La UX è uno dei pochi mestieri digitali che migliora la vita delle persone... e anche i business.

Esercizi pratici

Crea un **piano d'azione UX** per il tuo sito o business.

Testa un cambiamento UX e **misura i risultati**.

Sperimenta un **nuovo strumento UX** per migliorare le tue competenze.

CAPITOLO 22 CONCLUSIONE: DALLA TEORIA ALLA PRATICA

Riassumiamo i punti chiave
In questo libro abbiamo esplorato il mondo dell'UX Design, partendo dalle sue basi fino alle strategie avanzate per applicarlo nel business e nel marketing. Di seguito, un riepilogo dei concetti fondamentali:

Fondamenti di UX Design: L'esperienza utente è un elemento chiave per il successo di qualsiasi prodotto digitale. Abbiamo visto i **5 pilastri della UX** (usabilità, accessibilità, desiderabilità, coerenza e feedback) e come applicarli nella progettazione.

Strumenti e Tecniche UX: Lean UX, Agile UX e Design Ops aiutano a ottimizzare il processo di progettazione. La ricerca sugli utenti e la creazione di Personas permettono di progettare esperienze basate su dati reali.

Psicologia e UX: Bias cognitivi, design persuasivo ed emotional design influenzano il comportamento dell'utente. La gamification e il microcopy migliorano l'engagement.

UX per il Business e l'E-commerce: L'ottimizzazione della UX è essenziale per migliorare conversioni e vendite. Il checkout deve essere fluido, le schede prodotto chiare e persuasive.

UX e Marketing Digitale: La UX migliora le performance delle strategie di marketing, riducendo il bounce rate e aumentando la retention. Strumenti come heatmap, A/B testing e analisi dei funnel permettono di ottimizzare continuamente l'esperienza utente.

Innovazione e Futuro dell'UX: L'Intelligenza Artificiale, le interfacce vocali, la realtà aumentata e il design accessibile sono il futuro dell'UX Design. Un UX Designer deve essere sempre aggiornato per restare competitivo.

Piano d'azione: Da dove iniziare?
UX Mindset: cosa cambia da oggi

1. Non progetterai più "per te", ma per l'utente.

2. Non ti baserai su intuizioni, ma su dati e feedback.

3. Non farai solo siti belli, ma esperienze funzionali e memorabili.

4. Non ti fermerai mai alla prima versione: testare, migliorare, iterare diventerà il tuo mantra.

Ora che hai acquisito una conoscenza solida dell'UX Design, ecco **un piano pratico** per metterlo subito in pratica:

FASE 1: ANALIZZA L'ESPERIENZA UTENTE ATTUALE

Esamina il tuo sito web, e-commerce o app con una prospettiva UX. Usa strumenti come **Hotjar** (heatmap) e **Google Analytics** per identificare i punti critici.
Esegui un **test di usabilità** con almeno 3-5 utenti per individuare eventuali problemi.

FASE 2: APPLICA MIGLIORAMENTI UX BASED-ON-DATA

Rendi la navigazione più intuitiva: **semplifica i menu** e ottimizza la struttura del sito.

Ottimizza le **Call-To-Action (CTA)**: usa testi chiari e posiziona i pulsanti in punti strategici.

Riduci gli ostacoli nell'esperienza utente: accorcia il **checkout**, migliora la leggibilità dei testi e usa immagini di alta qualità.

FASE 3: TESTA E OTTIMIZZA CONTINUAMENTE

Implementa un **A/B Testing** per verificare se le modifiche migliorano davvero la UX.

Analizza i dati post-modifica e confrontali con i dati iniziali.

Raccogli feedback degli utenti con **sondaggi** o interviste per capire se le nuove soluzioni funzionano.

FASE 4: SPECIALIZZATI E RESTA AGGIORNATO

Segui blog e risorse autorevoli come **NNGroup, Smashing Magazine e UX Collective**.

Sperimenta nuove tecnologie: AI, AR/VR, UX Data-Driven.

Partecipa a corsi, eventi e conferenze per rimanere competitivo nel settore.

L'UX Design non è solo una disciplina tecnica, ma una **mentalità** orientata a migliorare costantemente l'esperienza degli utenti. Che tu sia un designer, un imprenditore o un marketer, applicare l'UX ti aiuterà a **creare prodotti più efficaci, soddisfare i clienti e ottenere migliori risultati di business**.

L'UX non è mai "finita". È un processo di miglioramento continuo, basato su test, dati e iterazioni. Se c'è una cosa che devi portare con te da questo libro, è questa: **progetta con empatia, analizza con metodo e migliora costantemente**.

Prima di Farti Scansionare il QR-CODE...
Lascia che mi presenti...

Mi chiamo **Carmine Nocerino**, consulente esperto in **SEO** e **UX Design** con oltre **12 anni di esperienza** nel settore del marketing digitale. Mi occupo di **sviluppo di siti web** ed **e-commerce** orientati agli utenti target, offrendo soluzioni personalizzate che generano risultati misurabili e concreti.

Mission e Valori

"Più tempo per te, più risultati per la tua attività"questa è la mia **Unique Value Proposition**.

Il mio obiettivo è semplificare la gestione della tua attività, offrendoti soluzioni **smart** e **personalizzate**, che ti permettano di concentrarti su ciò che conta davvero.

💡 **Ascolto attento:** Comprendo le tue sfide e i tuoi obiettivi per creare soluzioni su misura.

🎯 **Progetti su misura:** Ogni soluzione è studiata specificamente per il tuo business.

📈 **Risultati concreti:** Lavoro con precisione, rispettando sempre le tue scadenze.

🪙 **Supporto costante:** Sono sempre disponibile per rispondere alle tue domande e offrirti assistenza.

Perché Scegliere Me
Mi impegno a offrire un approccio flessibile, combinando il **lavoro da remoto** con la possibilità di lavorare **direttamente a contatto con te**, garantendo massima trasparenza e un servizio personalizzato in ogni fase del progetto.

📧 **Email:** [carmine@hubcomunicazione.it]

🌐 **Sito Web:** www.hubcomunicazione.it

📅 **Prenota la Tua Consulenza Gratuita!**

Hai acquistato questo libro? Fantastico!

Come ringraziamento, ti offro una **consulenza gratuita** per aiutarti a mettere in pratica le strategie di **SEO** e **UX Design** che hai appena appreso.

Scansiona il QR Code, effettua il download di tutti i template che ti possono servire, e se vuoi una consulenza, scegli direttamente dal calendario il momento migliore per prenotare, la tua consulenza personalizzata. Non perdere questa opportunità! **Inizia oggi stesso** a trasformare il tuo progetto digitale in un vero successo.

Password: libroux360

Adesso tocca a te! Inizia ad applicare l'UX al tuo progetto e misura i risultati.

INFORMAZIONI SULL'AUTORE

Mi chiamo **Carmine Nocerino**, consulente esperto in **SEO** e **UX Design** con oltre **12 anni di esperienza** nel settore del marketing digitale. Founder di Hubcomunicazione e mi occupo di **sviluppo di siti web** ed **e-commerce** orientati agli utenti target, offrendo soluzioni personalizzate che generano risultati misurabili e concreti.